Für Lara

Der Hund -
Das unbekannte Wesen

**Was Sie tun können,
damit Ihr Hund Sie liebt**

*Ein Leitfaden
zur Eingewöhnung des Hundes
in ein neues Heim*

by
Antonia Katharina Tessnow

Bibliografische Information der Deutschen Nationalbibliothek:
Die Deutsche Nationalbibliothek verzeichnet diese Publikation in der Deutschen Nationalbibliografie; detaillierte bibliografische Daten sind im Internet über http://dnb.dnb.de abrufbar.

TWENTYSIX – Der Self-Publishing-Verlag
Eine Kooperation zwischen der Verlagsgruppe Random House und BoD – Books on Demand

© 2019 Antonia Katharina Tessnow

Herstellung und Verlag:
BoD – Books on Demand, Norderstedt

ISBN: 9783740728229

*Autorin: **Antonia Katharina Tessnow***

Inhalt

Einer Hundeseele ein Zuhause schenken
Erst denken - dann Handeln

Die erste Begegnung
Welpe
Älterer Hund

Die Abholung
Welpe
Älterer Hund

Die Heimreise
Welpe
Älterer Hund

Die Ankunft im neuen Heim
Welpe
Älterer Hund

Mögliche Folgen eines Wechsels

Erste Schritte in der neuen Welt
Welpe
Welpe und älterer Hund

Gewöhnung braucht Zeit
Mitfühlende Seelsorge als beste Krankheits-Prävention
Ein Geheimrezept für ein erfolgreiches Miteinander

Anhang
Eine Bitte zum Wohle von uns allen

*Der untrüglichste Gradmesser
für die Herzensbildung eines Menschen ist,
wie er die Tiere betrachtet und behandelt.*

Berthold Auerbach

Einer Hundeseele ein Zuhause schenken

Erst denken - dann Handeln

Bevor Sie sich dazu entscheiden, einem Hund ein Zuhause zu geben, denken Sie bitte gut darüber nach, welche Rasse zu Ihnen passt. Dazu beziehen Sie

- Ihren Lebensstil
- Ihren Tagesablauf
- Ihre Gewohnheiten
- Ihre Hobbies
- Ihre Arbeitsroutine sowie
- Ihre Freizeitgestaltung

mit ein.

Es gibt - ähnlich einem Wal-O-Mat - auch Seiten im Internet, auf denen Sie - nach etlichen beantworteten Fragen zu den oben benannten Themen - Vorschläge unterschiedlicher Hunderassen bekommen, die zu Ihnen und Ihrem Leben passen könnten.
Da es mehrere solcher Möglichkeiten im Internet gibt, sei hier auf die Suchmaschinen verwiesen, die Ihnen sicherlich diverse Vorschläge für Ihre Suche diesbezüglich listen werden.

Nicht alle Hunderassen sind auf jeder Internetseite aufgeführt. Doch auch unbekanntere Hunderassen, wie die kleinen russischen Zarenhunde der Rasse Bolonka Zwetna, die ich leidenschaftlich liebe und mit großer Liebe züchte, sind zumindest nach der Richtlinie des FCI - der Fédération Cynologique Internationale - in bestimmte Kategorien eingeordnet. An Hand dieser Kategorien kann man Schlüsse zu sämtlichen Hunderassen und ihren Bedürfnissen ziehen.

Passt also - laut beantworteten Fragen - ein Shih Tzu zu Ihnen, der in die Gruppe 9 eingeordnet wird, dann können Sie daraus schließen, dass sämtliche Hunderassen, welche dieser Kategorie zugeordnet werden, möglicherweise zu Ihnen passen.

Gruppe 1 - Hütehunde und Treibhunde (ausgenommen Schweizer Sennenhunde)
Gruppe 2 - Pinscher und Schnauzer - Molosser - Schweizer Sennenhunde
Gruppe 3 - Terrier
Gruppe 4 - Dachshunde
Gruppe 5 - Spitze und Hunde vom Urtyp
Gruppe 6 - Laufhunde, Schweisshunde und verwandte Rassen
Gruppe 7 - Vorstehhunde
Gruppe 8 - Apportierhunde - Stöberhunde - Wasserhunde
Gruppe 9 - Gesellschafts- und Begleithunde
Gruppe 10 - Windhunde

Warum die *Gruppe 11 - Schlafmützen und Schlummerrollen* noch nicht in die Nomenklatur aufgenommen wurde, ist mir ein Rätsel. Allein in diesem Buch gibt es einige Hunde, die fraglos dieser Kategorie zuzuordnen wären.

Nachdem Sie sich gut überlegt haben, welchem Hunde-Typ Sie am besten gerecht werden können, machen Sie sich auf die Suche nach *Ihrem* Hund. Dazu finden Sie auf der Internetseite meiner Hundezucht aus dem Alten Jagdhaus unter folgendem Link ausführliche Informationen und Hilfestellungen:

www.bolonka-zucht.de
- rund-um-den-bolonka
- wissenswertes-zum-welpenkauf

Wer diese weitreichenden und umfangreichen Informationen lieber in Buchform liest, der sei hingewiesen auf den Ratgeber:

(1) Buchtipp: **Rund um Hunde** - *Wissenswertes zum Welpenkauf - Ratschläge und Erfahrungswerte aus der Bolonka Zwetna Hundezucht aus dem Alten Jagdhaus*

Die Tipps, Hinweise und Fragestellungen auf der Internetseite bolonka-zucht.de sowie dieses Büchlein sind sicherlich sinnvoll für *alle* Hunderassen und *jeden* Hundeliebhaber; doch meine persönlichen Erfahrungen im Umgang mit Hunden durfte ich bisher einzig mit der Rasse Bolonka Zwetna sammeln, die in die FCI-Gruppe 9 der Gesellschafts- und Begleithunde eingeordnet werden; Umgangssprachlich auch: Schoßhunde.

In jedem Fall hoffe ich inständig, dass ich Ihnen mit diesem Büchlein helfen kann, das Richtige zu tun und eine gute Fühlung zu Ihrem neuen Begleiter aufzunehmen. Ich wünsche mir, mit dieser Lektüre einen Beitrag zu mehr Verständnis zwischen der Menschen- und der Tierwelt leisten zu können, denn meine tiefste Sehnsucht ist eine friedliche und tier-liebende Welt, in der wir Menschen unserer Verantwortung den Tieren und der Natur gegenüber gerecht werden.

Nach bestem Wissen und Gewissen habe ich somit viele Antworten auf die mir begegneten Fragen sowie meine Erfahrungen und Erkenntnisse aufgeschrieben - *für Menschen wie Sie.* Für Menschen, die sich wagen, das große Abenteuer einzugehen, einer Hundeseele ihr Herz zu öffnen.

So bin ich doch voller Zuversicht, dass wir Menschen langfristig unserer Pflicht als Mensch gerecht werden, die uns in diesem einen, wohl wichtigsten Grundsatz überliefert ist:

***

*'Seid niemandem etwas schuldig,
außer, dass ihr euch untereinander liebet.
Denn wer den anderen liebt,
der hat das Gesetz erfüllt.'*

*Neues Testament
aus den Briefen
an die Römer 8, 13*

***

Samira-Minimaus

Seit eh und je ihre Lieblingsbeschäftigung: Kuscheln in Frauchens Bett. Zuzuordnen der leider bisher nicht existierenden FCI-Gruppe 11

*Mona Mustopf
10 Wochen alt*

Die erste Begegnung

Welpe

Manche Menschen haben sehr konkrete Vorstellungen von der ersten Begegnung mit einem Welpen. Es kommt vor, dass Menschen so klare Vorstellungen davon haben, dass sie praktisch 'wissen', wie das erste Treffen ablaufen wird. Die verbreitetste Vorstellung ist diese:

Der Welpe, der freudestrahlend auf uns zugelaufen kommt und uns auf den Arm springt, im besten Falle gar nicht mehr von uns weg möchte, ist in jedem Fall der Richtige. Der Welpe wird sich den Menschen schon aussuchen. Und hat sich dann der Welpe den Menschen ausgesucht, lebt man glücklich bis ans Ende seiner Tage.

Viele Welpenkäufer belächeln heute ihre eigenen Vorstellungen, hat sie doch selten mit der Realität zu tun. Denn die Realität hat mehrere Varianten:

A - Die Welpen haben gerade alle gespielt, sind totmüde, schlafen tief und fest und bekommen überhaupt nicht mit, dass Besuch da ist.

B - Die Welpen haben sich gerade die kleinen Mäglein vollgeschlagen und man findet sie vor wie in Variante A.

C - Die Welpen sind gerade wach und in ihr Spiel vertieft, ein neuer Mensch kommt und ist genauso interessant wie der Rest der Welt. Da wird kein großer Unterschied gemacht, wer der Mensch eigentlich ist, sondern viel interessanter sind Fragen wie:

Haben die mitgebrachten Schuhe Schnürsenkel?

Kann man an den Fingern kauen?

Gibt es neue Spielsachen?

Wo sind meine Geschwister und was machen sie gerade?

Wie schmeckt das Gras, das Holz, das Sitzkissen, das Hundehäuschen?

Wo ist Mama?

Wann gibt's was zu Essen?

Gefolgt von:

Wo kann ich schlafen?

Und schon liegen die Kleinen in ihren Körbchen, ihrer Tasche oder auf ihren Kissen, die Äuglein fallen zu und sie sind schneller jenseits von Gut und Böse, als man gucken kann.

Und welcher Welpe ist es nun?

Es ist *der* Welpe, der *Ihnen* am besten gefällt. Derjenige, der auf Sie zukommt, kommt auch auf alle anderen Besucher zu, da es vermutlich der mutigste Welpe aus dem Wurf ist. Derjenige, der sich eher zurückhält, hält sich auch bei allen anderen Besuchern zurück, da es seinem Wesen entspricht. *Sie* entscheiden, welcher Welpe *Ihnen* gefällt und zu welchem Welpen *Sie* sich hingezogen fühlen.

***

Vertrauen Sie auf Ihr Gefühl. Es wird Sie sicher leiten.

***

Älterer Hund

Ein älterer Hund kann in der neuen Umgebung Fremden gegenüber generell aufgeschlossen sein. Dann ist es normalerweise ein Hund, der Fremden gegenüber eben generell aufgeschlossen ist.
Ist ein Hund Fremden gegenüber eher scheu, dann wird es in den meisten Fällen ein Hund sein, der Fremden gegenüber generell scheu ist.
Das sagt nichts über den Charakter des Hundes seinen engen Bezugspersonen gegenüber aus. Ist also ein Hund Ihnen gegenüber, also einem Fremden gegenüber, scheu, so kann sich der wahre Charakter des Hundes erst nach mehreren Wochen im neuen Heim offenbaren, wenn das Tier Vertrauen gefasst hat und die Trennung vom alten Heim überwunden ist; und vielleicht entpuppt sich der anfangs scheue Hund als sehr anhänglich und sehr nähebedürftig, keck, frech und lustig, hat er einmal Vertrauen gefasst.
Ein Hund, der in erster Instanz zugänglich und zutraulich ist, kann sich wiederum als sehr ängstlich und scheu erweisen, wird er von fremden Mensch mitgenommen und in eine neue Umgebung gebracht, die für das Tier vollkommen unbekannt ist, unheimlich sein und Angst machen kann.
Sprechen Sie ausführlich mit dem vorherigen Besitzer. Loten Sie genau aus, warum das Tier abgegeben wird. Lassen Sie sich so viel wie möglich über den Hund erzählen. Erwarten Sie nicht, dass ein älterer Hund einfach mit Ihnen mitgeht, ohne Anzeichen von Angst und Scheu zu zeigen, sobald dem Tier plötzlich klar wird, dass es mitgenommen wird.
Hören Sie auch hier auf Ihr Bauchgefühl. Ist Ihnen der Vorbesitzer unsympathisch und/oder ist für Sie die zu dem Hund gehörige Geschichte nicht schlüssig - sprich: Haben Sie ein schlechtes Gefühl - dann nehmen Sie das Tier *nicht* mit. Zum besten Wohl von Ihnen und dem Hund.

Sollten Sie jedoch ein gutes Gefühl haben, obwohl sich der Hund beim Erstkontakt Ihnen gegenüber scheu und ängstlich zeigt, dann überlegen Sie, ob Sie dem Tier nicht die Chance geben möchten, sich an Sie zu gewöhnen. Und ob Sie dem Hund die Zeit geben möchten, die er braucht, um Vertrauen zu fassen. Meist wird man für seine Geduld, sein Verständnis und sein Einfühlungsvermögen von dem Tier am Ende hundertfach belohnt.

!!!

Gewissen Eigenschaften, wie zum Beispiel:

- der Hund drückt sich auf den Boden, wenn man ihn hochnehmen möchte
- der Hunde zittert auf dem Frisiertisch, sodass der ganze Tisch wackelt
- der Hund zeigt Anzeichen von großer Nervosität, wenn sie ihn zu sich rufen

müssen KEINE Traumen oder traumatischen Erlebnisse zugrunde liegen. *Manche Hunde sind einfach so!* Das ist ihre Art und damit muss man umgehen.

Merke: *Nicht jede Eigenschaft, nicht jedes ängstliche Verhalten, nicht jede Scheu, Furcht, Schrecken, ist das Resultat eines vorhergegangenen Ereignisses. Hunde bringen solche Eigenschaften manchmal auch einfach mit auf diese Welt. Hier ist der Mensch in seiner Funktion als Beschützer und sicherheit-ausstrahlender (Rudel-)Führer gefragt.*

!!!

Die Abholung

Welpe

Was können Sie tun, um dem Welpen die Fahrt nach Hause so angenehm wie möglich zu gestalten?

Das Beste, was Sie tun können, ist dafür zu sorgen, dass es *Ihnen* gut geht; dass *Sie* entspannt sind; dass *Sie* genau *das* tief in Ihrem Innern fühlen und ausstrahlen, was *Sie* von dem kleinen Welpen erhoffen: Sicherheit, Ruhe, Vertrauen, Furchtlosigkeit, sprich: *Emotionale Stabilität*.

Wenn Sie all diese Gefühle *in sich* stark machen und ausstrahlen, dann ist das die beste Medizin für Ihren neuen Mitbewohner.
Natürlich macht es auch Sinn, eine Box dabei zu haben, eine vertraute Decke, ein Spielzeug. Doch viel wichtiger als all die Materie sind *Sie als Mensch*, sind *Sie* in Ihrem Verhalten, in Ihrem Umgang mit dem Welpen, Ihrer Beschützerrolle, die Sie dem kleinen Geschöpf gegenüber haben. Finden Sie sich in diese Rolle ein und füllen Sie sie so gut es geht aus. Dann sollte die Fahrt ins neue Heim zumindest eine solide emotionale Grundlage haben.

Machen Sie Pausen, wann immer Sie das Gefühl haben, dass es angebracht ist, eine Pause zu machen. Die Faustregel lautet: ca. alle 2 Stunden sollte angehalten werden. Wird der Welpe früher unruhig, dann versuchen Sie, anzuhalten, wenn der oder die Kleine sich 'meldet', also Anzeichen von Unruhe zeigt, piepst, weint. Das sind oft Zeichen dafür, dass der Welpe 'mal muss'.

!!!

Leinen Sie den Welpen unbedingt an! Lassen Sie ihn nicht zwischendurch heraus, ohne ihn gesichert zu haben - zur Sicherheit und zum Wohle von Ihnen und dem Welpen!
Legen sie ihm schon im Auto das Geschirr an und Leinen Sie ihn schon im Auto an. Erst dann lassen Sie den Kleinen runter.

!!!

Valentina aus dem Alten Jagdhaus mit ihren Kumpels

Älterer Hund

Bei älteren Hunden ist es mindestens genauso wichtig, wenn nicht noch viel wichtiger, emotional ausgeglichen und stabil zu sein und dies dem Hund auch zu vermitteln. Das Tier wird von allem getrennt, was ihm lange Zeit - wenn nicht sogar ein Leben lang - vertraut geworden ist und lieb war. Die Trennung allein kann tiefe Gefühle der Verzweiflung und Angst hervorrufen, die sich auf der Fahrt im Auto bis zur Panik steigern können.

Lassen Sie sich dadurch nicht verrückt machen, denn wenn *Sie* verrückt werden, ist niemandem geholfen und Sie können auch niemandem mehr helfen. Vermitteln Sie dem Hund so viel Ruhe, Sicherheit und Vertrauen wie möglich. Vermeiden Sie eigene Angst, Aufregung und Panik, denn das überträgt sich auf das Tier. Der Hund hat ohne Ihre innere Stabilität, die er jetzt dringend braucht, keine Orientierung mehr in der Fremde und fühlt sich möglicherweise noch verlorener, als es ohnehin schon der Fall sein kann.

Halten Sie Kauartikel bereit, die etwas Besonderes für den Hund sind. Verzweifeln Sie aber nicht, wenn das Tier in erster Instanz so sehr mit sich und seinen Gefühlen beschäftigt ist, dass es ans Essen gar nicht denken kann. Das ist nicht unnormal.

!!! Dem Geschirr und der Leine sind in den ersten Wochen - vor allem aber auf der Fahrt - allergrößte Aufmerksamkeit zu schenken! Hier empfehle ich für ältere Hunde: ein sogenanntes Panikgeschirr. Das ist ein Geschirr, das vorne um den Hals, hinter den Vorderbeinchen und noch einmal vor den Hinterbeinchen den Hund so sichert, dass er sich nicht aus dem Geschirr befreien kann. !!!

Es kann sein, dass der Hund in der ersten Zeit immer mal wieder versucht, sich aus dem Geschirr zu befreien und wegzulaufen. Das kommt schlicht und ergreifend daher, dass das Tier Sie nicht kennt - *das hat nichts mit Ihnen persönlich zu tun!*

!!!

Nehmen Sie solch ein Verhalten
daher bitte auf keinen Fall persönlich!

!!!

Fallbeispiel:

Es riefen sehr liebevolle und nette Menschen im Alten Jagdhaus an und fragten nach einer älteren Hündin. Nach langer und reiflicher Überlegung entschloss ich mich, meine süße Yvi aus der Zucht zu nehmen.
Als die Leute kamen, um Yvi abzuholen, wirkte Yvi etwas ängstlich, ließ sich ihnen aber auf den Schoß setzen und streicheln. Nach längerem Gespräch brachte ich die Leute mit Yvi zum Auto, setzte sie der Dame auf den Schoß und wir verabschiedeten uns.
Eine Stunde später bekam ich einen Anruf: Kaum waren die Leute auf dem Hotelparkplatz aus dem Auto gestiegen, befreite sich Yvi aus dem Geschirr und lief weg; in ein nahegelegenes Waldstück.
Es war Anfang März. Die Nächte waren noch frostig und unter 0 C, tagsüber stiegen die Temperaturen nicht über 5 C. Als die erste Nacht hereinbrach und wir sie nicht hatten finden können, begann ich mich mit dem Gedanken vertraut zu machen, mich von meiner Yvi noch einmal auf ganz andere Art verabschieden zu müssen. Gleich früh, zur normalen Aufstehzeit im Alten Jagdhaus, war ich im Wald und suchte nach ihr.

Das Hundebettchen, das ich dort gelassen hatte, war von Frost durchsetzt, nass und voller Raureif. Meine Hände und Füße taten nach nur 15 Minuten von der Kälte so weh, dass ich mir nicht vorstellen konnte, dass Yvi diese Nacht überlebt hat.

Nach 2 Tagen haben wir Yvi wiedergefunden.

Es war wie ein Wunder.

Die netten Leute wollten es zwar aus ganzem Herzen noch einmal mit ihr versuchen, doch Yvi ließ sich von ihnen weder anfassen noch streicheln, hatte Angst vor ihnen und zeigte große Scheu.

***

Yvi lebt heute im Alten Jagdhaus. Hätte sie die Zeit gehabt, sich an die neuen Menschen zu gewöhnen, sie wäre sicher sehr glücklich in einem wundervoll verwöhnten Leben geworden. Doch das falsche Geschirr und zwei Nächte im Wald hat die Sorge der Leute so sehr geschürt, dass sie es sich nicht mehr zutrauten, Yvi durch die Phase der Eingewöhnung hindurch zu begleiten. Zu groß war die Angst eines erneuten Verlustes der Kleinen Seele, die heute - anhänglich, liebevoll, treu und fröhlich - das Leben im Alten Jagdhaus zu genießen scheint.

Nie hat sich ein Mensch gefunden, der sich ihrer Seele hätte öffnen wollen und sie durch die Phase der Eingewöhnung hätte hindurch begleiten mögen. Dabei wäre ein Mensch, den sie einmal in ihr Herz geschlossen hat, gerade von ihr tausendfach dafür belohnt.

***

***

Yvi – eine zurückhaltende, unaufdringliche, zarte Seele, die im Alten Jagdhaus schnell ungesehen und unerkannt bleibt, weil sie sich nicht – wie andere ihrer stürmischeren Artgenossen – in den Vordergrund drängt und mit Anlauf zur Kuschel-Attacke ansetzt. Nein – Yvi steht auf der zarten Seite des Lebens.

Sie ist ein 24. Dezember Steinbock, ein Christkindlein. Die Botschaft aus den Briefen an die Heräer, die in den Heiligen Tagen gern weitergetragen wird, lautet:

Liebet einander als Brüder und Schwestern und vergesset nicht, Gastfreundschaft zu üben! Denn ohne es zu wissen, haben manche auf diese Weise Engel bei sich aufgenommen.

Engel kommen auf die Erde in den unterschiedlichsten Verkleidungen; schaut genau hin, sonst kann auch dieses Engelein schnell unerkannt bleiben.

***

Für beide - sowohl den Welpen als auch den älteren Hund - gilt:

Es ist möglich, dass die Tiere

- sich auf der Fahrt übergeben müssen
- weinen
- zittern
- Durchfall bekommen
- sich aus Versehen im Auto lösen
- vermehrt den Drang haben, rauszugehen
- panisch reagieren
- nervöse Unruhe zeigen
- sabbern
- viel Gähnen - was nicht nur ein Anzeichen für Müdigkeit, sondern auch ein Anzeichen für Stress ist
- sich immer wieder schütteln
- sich vermehrt kratzen

Hier ist es wichtig zu wissen:

Hunde können sowohl Pein als auch Scham empfinden. Sollte den Tieren im Auto ein Missgeschick passieren und sie aus Versehen ins Auto machen, dann schimpfen Sie bitte nicht. Weisen Sie das Tier auch nicht zurecht und strafen Sie es unter keinen Umständen. Gehen Sie in jedem Fall liebevoll mit dem Hund um. Alles ist neu für den Hund und das Tier hat keine Ahnung, was geschieht. Die Autofahrt ist nicht der richtige Zeitpunkt, den Hund zu erziehen. Erlauben Sie dem Tier seine Gefühle und Zustände, bleiben Sie in jedem Fall mitfühlend und ihm liebend zugewandt.

*(2) **Buchtipp:** Das Seelenleben der Tiere - Liebe, Trauer, Mitgefühl - erstaunliche Einblicke in eine verborgene Welt von Peter Wohlleben. Sowohl als Paperback sowie als Hörbuch zum download erhältlich.*

Die Ankunft im neuen Heim

Welpe

Es ist von größter Wichtigkeit sich über Folgendes bewusst zu sein:

Jeder Welpe kann in einem neuen Heim vollkommen anders sein, als bei dem Züchter, oder auch dem Privathaushalt, aus dem er gerade eben gekommen ist. Wo auch immer Sie einen Welpen herholen, dieser Welpe wird mit einem Wechsel in ein neues Heim eine ganz neue Welt betreten und vollkommen neuen Einflüssen unterworfen sein, was vorher nicht der Fall war. Andere Einflüsse, die bisher da waren, fallen zeitgleich weg, was ein inneres Wesen in all seiner Befindlichkeit und Empfindlichkeit erheblich beeinflussen kann.

Sind Sie sicher im neuen Heim angekommen, dann lassen Sie dem Welpen Zeit. Gestatten Sie ihm, langsam und allmählich seine neue Umgebung zu erkunden und lassen Sie ihm dafür all den Raum, den er braucht.

Warum Raum und Zeit so wichtig sind

Nun sieht der kleine Welpe, nach einer eindrücklichen Fahrt, zum ersten Mal eine neue Umgebung. Da Welpen viel schlafen, kann es gut sein, dass der Kleine vorerst viel Ruhe braucht. Möglicherweise schläft er erst einmal und ist von den vielen Erlebnissen des Tages ganz erschöpft.
Der kleine Welpe hat seine ganz eigene, innere Uhr. Die Wachphasen beschränken sich Anfangs zeitweilig auf gerade mal eine Stunde am Stück (nicht am Tag!) - wenn überhaupt. Es kann sein, dass der Welpe länger wach ist, was ebenfalls ganz normal ist, doch es ist auch gut möglich, dass der Kleine nach kurzen Wachphasen ebensolche

Schlafphasen hat - und auch braucht!

Vermeiden Sie dringend, Ihre Aufmerksamkeit wie einen Scheinwerfer auf den neuen Mitbewohner zu richten. Das ist der Welpe in den seltensten Fällen gewohnt und tut ihm nicht gut! Der kleine Hund braucht dringend Zeit und Raum, ganz in Ruhe seine neue Welt erkunden zu können.

Wie sieht das praktisch aus?

Bleiben Sie in der Nähe des Kleinen, aber gestatten Sie ihm, sich ganz alleine zu bewegen. Beschäftigen Sie sich zwischenzeitlich immer auch mal mit anderen Dingen und lassen Sie den Kleinen in Ruhe ankommen und sich akklimatisieren. Bleiben sie in Reichweite, doch geben Sie dem Welpen das Gefühl, sich frei entfalten zu können, ohne im permanenten Kegel des Scheinwerferlichtes zu stehen und vor lauter auf ihn gerichteten Spots nicht mehr zu wissen, wie er sich überhaupt bewegen kann oder soll. Denn der Mittelpunkt des Geschehens zu sein, und das über einen längeren Zeitraum, vielleicht gar konsequent ohne Unterlass, ist nicht nur ermüdend, sondern kann auch einschüchternd, ja beängstigend wirken.

Fallbeispiel:

Ein älteres Ehepaar, mittlerweile alleine, nachdem die Kinder aus dem Haus und die Rente kurz bevor stand, wollten einem kleinen Hund ein schönes Zuhause bieten. Sie machten sich Gedanken, haben sich belesen, wollten 'alles richtig' machen.

Der Kleine *Sammy** kam zu ihnen nach Hause, und diese sehr netten und dem jungen Welpen zugewandten Menschen verstanden die Welt nicht mehr, als der Kleine einfach nicht fressen wollte, sich versteckte, alle Anzeichen

von Scheu zeigte, einfach nicht spielen wollte und immer stiller und stiller wurde.
Sie fuhren zum Tierarzt. Sie fuhren in eine Klinik; waren kurz davor, den Welpen an den Tropf hängen zu lassen. Die Frau, nach Aussage des Mannes, sei 'nur noch am weinen' und er hat Sorge, dass die Rückgabe des Welpen eine Krise in ihrer Ehe auslösen würde, von der er nicht sicher sagen konnte, ihr gewachsen zu sein.

In letzter Minute, nach einigen Gesprächen, Emails und mehrfachen Angeboten meinerseits, den Welpen zurück zu nehmen, erreichten folgende Worte die Herzen der mittlerweile hilflosen und an sich selbst zweifelnden Leute:

***

Lieber Herr M. -

Sie haben Ihr Herz am rechten Fleck!! Sie und Ihre Frau!! Das habe ich gleich bei unserem ersten Telefonat gespürt. Denken Sie bitte nichts Gegenteiliges von sich selbst!!
All die Tipps in den Büchern - auch in meinen! - sind immer nur TIPPs. Nur Erfahrungswerte. Nur Empfehlungen. Es sind keine letztendlichen Wahrheiten. Das ist sehr wichtig für Sie zu wissen. Die Wahrheit über das ganz ganz ganz individuelle Team - Sie, Sammy und Ihre Frau - kennen am Ende NUR SIE. Sonst niemand!

Es kann gut sein, dass Ihre Erfahrungen im Umgang mit Sammy und seiner Ernährung ganz eigene, individuelle sind und noch in keinem Buch dieser Welt stehen. Gut möglich. Denn wir sind alle einmalig und absolut individuell. Niemand ist einem anderen ganz gleich.

Darum: Sammy ist eine sehr zart-besaitete Seele.

Eine Metapher: Klärchen - und auch Liselotte - zwei sehr ungestüme Charaktere meines Rudels, würde ich als Orchester beschreiben, dass laut loslegt, sobald ich den Raum betrete. Als Reaktion darauf könnte ich laut Juchuu rufen, nur um das Orchester dazu anzufachen, noch einmal laut ins Forte zu gehen und auch noch die Pauken zu hauen.

Sammy dagegen ist eine ganz zarte Harfe. Ein Soloinstrument. Alleine in einem weiten, stillen Raum. Schon der Trittschall auf dem Fußboden kann die zärtliche Harmonie des Instrumentes aus dem Takt bringen, vielleicht verstummt es vor Schreck gleich ganz und gar. Hier ist es geboten, sich still zu setzen und abzuwarten, bis der Spieler wieder genug Vertrauen gefasst hat, trotz der Anwesenheit eines anderen wieder ins Spiel und darüber hinaus in die Harmonie zu kommen.

Sammy ist diese Harfe. Er ist nicht Klärchen oder Liselotte. Er ist kein Orchester, auf das man mit Begeisterung losstürmt.

Auf ihn muss man warten. Er braucht Zeit. Er braucht Raum. Er muss in Ruhe gelassen werden dürfen. Er muss die Gelegenheit bekommen, von sich aus - aus Ruhe und Vertrauen - in Bewegung und Rhythmus zu finden.
Lassen Sie ihm seinen Raum. Geben Sie ihm seine Zeit. Nehmen Sie den Fokus von ihm weg, lassen Sie ihn schlafen, ruhen, ganz leise bei sich ankommen. Zwingen Sie ihm keinen Kontakt auf.

Lassen Sie ihm auch Raum und Zeit zu Fressen.

Legen Sie sich zu ihm auf den Boden - so habe ich das mit ihm hier immer gemacht. Gehen Sie auf seine Ebene. Aber nicht ständig - er ist die kleine Harfe. Sie gerät schnell aus dem Takt.

Seine Mama und seine Oma sind ähnlich. Sammy ist nicht krank, er gehört so. Er gehört zur empfindsamen Fraktion der Hunde-Seelen. Versuchen Sie, das wahrzunehmen und vermitteln Sie ihm Vertrauen! Ihre Unsicherheit ist Gift für ihn. Unsicher ist er selbst genug.

Beschützen Sie ihn, aber erdrücken Sie ihn nicht mit Ihrer Zuneigung. Die Saiten der zarten Harfe erklingen nur in Stille und sind nur im Vertrauen hörbar.

Vielleicht hilft Ihnen dieses Bild.

Tier-liebste Grüße

***

Sammy aus dem Alten Jagdhaus

Sammy und seinen beiden Hundeeltern geht es heute wunderbar! Nachdem sie verstanden haben, dass diese kleine Seele, die sie zu sich genommen haben, ganz anders tickt als erwartet, sie sich auf das Abenteuer Vertrauen einließen und ihm all die Zeit und den Raum gaben, den er brauchte, konnten sie ihn plötzlich erkennen und wahrnehmen - und ihm gerecht werden.

(3) **Buchtipp:** *Abenteuer Vertrauen: Vollkommen, aber nicht perfekt - Was Menschen von Hunden lernen können, von Maike Maja Nowak*

Dasselbe möchte ich gerne allen Menschen und frischgebackenen Hundemamas und -papas sagen: Jeder Tipp - wirklich ausnahmslos JEDER!!! - ist nur ein Tipp, nur ein Erfahrungswert. Egal woher und von wem er kommt. Mit Ihrem Welpen kann alles ganz, ganz anders sein!

Versuchen Sie, ganz individuell auf Ihr Tier einzugehen, egal was andere sagen! Jedes Tier - genau wie jeder Mensch - ist absolut einmalig und am Ende können nur Sie, im direkten Umgang und im direkten Kontakt erspüren, was Ihr Welpe möchte und braucht.

Schon auf meiner Webseite bolonka-zucht.de schreibe ich gleich auf der Startseite von der Hebräischen Bedeutung des Satzes *'Ich liebe Dich'* der wörtlich übersetzt heißt

'Ich sehe Dich'

Unsere Tiere zu lieben bedeutet nicht, sie mit unseren Vorstellungen von Liebe und Fürsorge zu erdrücken; es bedeutet nicht, ihnen unsere Vorstellungen von Liebe und Fürsorge aufzuzwingen und zu erwarten, dass ihnen unsere Vorstellung und unsere Umsetzung gefälligst gefällt.

Ein Tier zu lieben bedeutet vor allem, es zu sehen und zu erkennen. Und zu versuchen, dieser ganz individuellen Seele in ihrer ganz individuellen Stellung uns und der Welt gegenüber, gerecht zu werden. Auch wenn das manchmal bedeutet, sich selbst zurück zu nehmen und seine eigenen Vorstellungen von Liebe und Fürsorge über den Haufen zu werfen.

***

Ulla aus dem Alten Jagdhaus

***

Ein Wesen zu lieben bedeutet,
es so zu sehen,
wie Gott es gemeint hat.

(unbekannt)

Hören Sie in sich hinein und fragen Sie sich immer wieder, was Sie sich wünschen würden, wären Sie in einer vergleichbaren Situation: Von anderen, viel größeren Wesen umgeben und aus dem vertrauten Heim mitgenommen, in ein Gefährt gesetzt, von Eltern und Geschwistern getrennt, in eine fremde Umgebung gebracht. Wie würden Sie sich in einer solchen Situation fühlen? Was würden Sie sich in solch einer Situation wünschen?

Älterer Hund

Für einen älteren Hund gilt das oben Beschriebene wieder um ein vielfaches potenziert. Ein älterer Hund hat viel länger Zeit gehabt, in seine alte Umgebung hineinzuwachsen. Aus dieser wird er nun herausgenommen und vielleicht in eine vollkommen neue Lebenssituation verfrachtet, die dem gewohnten Leben sehr fremd ist.

Die Hunde können in der ersten Zeit - und diese kann gut 2 - 3 - 4 Wochen dauern, manchmal auch erheblich länger - Ängstlichkeit und Scheu zeigen. Heimweh wird einen großen Teil ihres Gefühls ausmachen. Trauer um den erlittenen Verlust wird mit in die Situation hinein spielen.

Auch hierzu gibt es ein sehr unschönes Fallbeispiel meiner Hündin Lara, der dieses Buch gewidmet ist. Ihre Geschichte sowie mein langes Schreiben an die neuen Halter sei hier in Auszügen angeführt, um allen Menschen einen Einblick in das Gefühlsleben eines Hundes zu geben, der einen solchen Wechsel in seinem Leben durchlebt - in der Hoffnung, bevor Vorwürfe gemacht, ja sogar mit Anwälten gedroht wird, wie es im Fall Lara geschah, etwas Verständnis und Klarheit in eine solche Situation zu bringen.

***

Lara aus dem Alten Jagdhaus

***

*Lara**

Der tatsächliche Käufer von Lara, einer 1 1/2 jährigen Hündin, meldete sich bei mir nie. Doch standen 5 Tage nach dem Kauf seine Lebensgefährtin und ein Mann unangemeldet auf meinem Hof - ohne Lara. Es war Himmelfahrt und demnach Feiertag.

Sie waren den ganzen Weg aus Leipzig gekommen, um mir auf unschöne und sehr bedrohliche Weise unter anderem Vorwürfe auf Grund Laras angeblich fehlender Sozialisation zu machen. Ja, mir wurde sogar mitgeteilt, dass *'eine Reihe von Anwälten bereit stünde, die nur darauf warteten, ihnen einen Gefallen zu tun'*, würde ich mich nicht auf ihre geforderte Summe von 600,- Euro einlassen, die Lara angeblich weniger Wert sei, als sie bezahlt haben. Käme ich diesem, wie sie es nannten, *'Einigungsvorschlag'* nicht nach, würden sie *'alle Register ziehen'*, wie sie im selben Satz mit *'Anzeige beim Veterinäramt, dem Hundeverband und der Polizei'* erwähnten.

Um mich selbst zu schützen und in der Hoffnung, eine gerichtliche Auseinandersetzung zu umgehen, schrieb ich einen 12-seitigen Brief, aus dem hier Auszüge wiedergeben sind:

***

'Heute möchte ich Stellung nehmen zum Geschehen und den Vorwürfen vom Donnerstag.

Zunächst eine Darstellung der Situation von Lara, sodann zur Rechtslage.

Lara wurde gerade getrennt von dem Heim, in dem sie geboren ist, von dem Haus, indem sie aufwuchs und dem einzigen Zuhause, das sie je gekannt hat. Ein Zuhause in absoluter Stille und fast Alleinlage, am Rande der Mecklenburgischen Schweiz ohne Straße vor, neben oder hinter dem Grundstück. Der Unterschied zu Ihrem Wohnort ist gravierend. Um diesen Unterschied zu verdeutlichen, habe ich Satellitenaufnahmen aus Google-Maps gescreent und beigefügt.

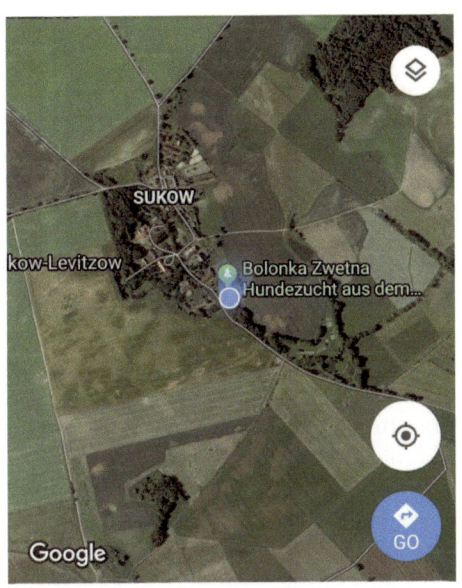

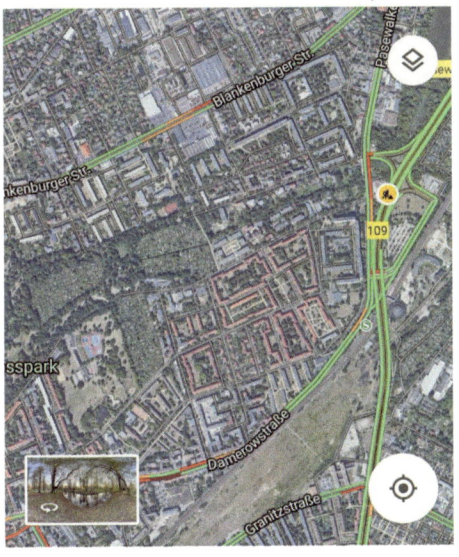

Ich persönlich war die Geburtshelferin von Lucia, als sie Lara zur Welt brachte, hatte die ersten 2 Wochen die Mutter mit ihren Welpen in meinem Bett neben meinem Kopfkissen stehen, betreute und reinigte die Welpengehege, wiegte, fütterte, entwurmte die Welpen, gewöhnte sie an das Frisieren und kümmerte mich um ihre Stubenreinheit. Ich bin die einzige kontinuierlich anwesende Bezugsperson, die sie je kannte. Wenn ich sie gerufen habe, kam sie und hat hervorragend auf ihren Namen gehört. Wenn sie jetzt nicht - wie Frau P. anmerkte - auf ihren Namen hört, ist es womöglich der Tatsache geschuldet, dass Sie fremde Menschen sind und Lara, wie es aussieht, situationsbedingt überfordert ist.
Lucia ist Laras Mutter. Sie ist nach wie vor im Alten Jagdhaus. Lara wurde demnach nie von ihrer Mutter getrennt.
Nun wurde Lara von Menschen mitgenommen, die sie vor gut einem Monat einmal für eine Stunde sah, wobei sehr fraglich ist, ob sich die Hündin daran erinnern kann. Plötzlich fährt sie lange Auto und findet sich unter fremden Menschen, in fremder Umgebung, mit vollkommen neuen und fremden Eindrücken - wird aus der ländlichen Abgeschiedenheit und Idylle geradewegs in die Innenstadt Leipzigs gebracht.

Ja, sie wird Angst haben; ja, sie wird scheu sein; ja, sie wird nicht wissen, was mit ihr und ihrer Welt geschieht; sie wird nicht verstehen, was mit ihrem alten Zuhause geschehen ist und warum sie dort nun nicht mehr sein kann.

Schon in meiner Voicemail vom 20. Mai 2019 bin ich auf das Thema 'Gewöhnung' eingegangen.

Gewöhnung braucht Zeit! Und zwar immer. Einen Hund in Laras Alter von einem Jahr und fünf

Monaten ist in seiner seelischen Entwicklung vergleichbar mit einem 3 bis 5-jährigen Kind. Niemand würde von einem Kind diesen Alters erwarten, ohne Angst und Scheu solch eine lebensverändernde Situation unter Fremden ohne Angst und Scheu zu bewältigen. Mir nun vorzuwerfen, wie es Frau P. tat, Lara sei schlecht sozialisiert, zeugt einzig davon, dass nicht verstanden wird, was hier eigentlich gerade passiert:

Ihnen war die Umgebung von Lara bekannt. Sie waren 3x hier. Sie wissen, wie und wo das Alte Jagdhaus gelegen ist. Wir haben uns lange unterhalten. Meine Philosophie ist eingehend auf meiner Webseite bolonka-zucht.de beschrieben, die Ihnen nachweislich bekannt ist; eine von mir gelebte Philosophie, deretwegen Sie ja wohl gerade bei mir einen Hund kaufen wollten. Meine Hunde wachsen in größtmöglicher Freiheit auf. Das versuche ich meinen Tieren zu ermöglichen und erläutere dies ausführlich öffentlich auf meiner Internetseite. Dazumal kennen Sie Ihren eigenen Wohnort. Ein solch lebensverändernder Wechsel bedarf viel Einfühlungsvermögen und Verständnis, was ich Ihnen durchaus zugetraut habe. Leider musste ich mich am Wochenende von Frau P. und ihrem Begleiter eines Besseren belehren lassen.

Zudem bewegte sich Lara den ganzen Tag frei in meinem Haus und auf dem Grundstück, konnte durch Hundeklappen rein und raus, wann immer sie wollte, und tobte täglich auf der großen Hundewiese hinter dem Haus, dem extra für die Hunde gebauten Spielplatz, der Buddelkiste, meinen wildwachsenden Biotopen. Sie konnte sich auf dem Boden wälzen, im Gras tollen, alles was sie und ihre Hunde-Kumpels wollten. Jederzeit.

Lara ist in ihr Rudel hineingeboren und -gewachsen. Sie ist hier im Alten Jagdhaus hervorragend sozialisiert gewesen - an ihre Umgebung! Sie war ein pflegeleichter und sehr umgänglicher Hund, der nie Probleme mit anderen Hunden machte oder hatte.

Lara ist stubenrein und leinenführig. Eben dies habe ich Ihnen zugesagt. Wenn ich den kleinen Landwirtschaftsweg vor meinem Haus runter in die Wiesen ging, lief sie hervorragend an der Leine. Dass Lara sicher nicht so entspannt nach dem oben beschriebenen Wechsel und dem Verlust ihres Zuhauses ist, wie sie es in der ihr einzig jemals vertrauten Umgebung mit den ihr einzig jemals vertrauten Personen war, sollte der gesunde Menschenverstand Ihnen sagen.

Trotz aller Argumente und Tatsachen, trotz meines mehrfachen Rücknahmeangebotes gegen volle Erstattung des Kaufpreises, sah sich der Begleiter von Frau P. lediglich veranlasst, mich zynisch anzugehen mit den Worten: 'Es sind zwei Kinder zu Hause und Sie bieten einfach an, den Hund zurückzunehmen. Was sind Sie für ein Mensch?'

Ja, was bin ich wohl für ein Mensch?

Nach meinem Empfinden und im Zuge meiner Verantwortung als Verkäuferin meinen Kunden wie meinen Hunden gegenüber, empfand ich dieses entgegen des Vertragstextes geäußerte – unverändert fortbestehende - Angebot als außerordentlich kulant. Ihre Kinder sind dazumal durchaus in einem Alter, in dem man ihnen solch eine Situation einfühlsam und verständlich erklären und fundiert darlegen kann, warum man diesen Hund – nach nur wenigen Tagen - wieder abgibt und eventuell im selben Zuge einen anderen kauft. Sie würden es sicher verkraften; so, wie

Lara doch einen ungleich größeren Verlust zu verkraften hat - nämlich den ihres einzigen, ihr vertrauten Zuhauses und der einzigen, ihr vertrauten Bezugsperson; einen Umzug vom stillen Land in die Metropole Leipzigs. Ein Verlust, den Sie - nach Aussagen von Frau P. und ihrem Begleiter - ohne Scheu und Auffälligkeiten bewältigen sollte, um sie 'sozialisiert' nennen zu können. Meinem Empfinden nach erlebe ich es als unangemessen, mir die Frage zu stellen, was ich für ein Mensch sei, wenn andersherum einem Tier nicht zugestanden wird, Auffälligkeiten, Angst und Scheu zu zeigen, welches eine solch alles verändernde Lebenssituation zu bewältigen hat.
Zwischenzeitlich ist sowohl mein Hundeverband als auch das Veterinäramt über diesen Fall informiert. Die zuständigen Amtstierärzte, also die kontrollierende Instanz im Falle von Anzeigen, habe ich aktiv und von mir aus, gleich am darauffolgenden Werktag in meine Zuchtstätte, das Alte Jagdhaus, eingeladen, um den Zustand der Hunde, der Haltungsbedingungen sowie die Fellpflege begutachten zu lassen und eventuelle Verbesserungsvorschläge entgegenzunehmen.

Ich hatte Frau P. und ihren Begleiter auf meinen Hof eingelassen, obwohl es Feiertag war und die beiden unangemeldet vor meinem Hoftor standen. Ein Auto war übrigens nicht zu sehen, das wurde wohl an einem mir nicht einsehbaren Ort geparkt, um die Anonymität des Begleiters zu wahren. Trotz aller seit der ersten Minute des Besuches unangemessener Auffälligkeiten bemühte ich mich im Rahmen meiner Möglichkeiten um Deeskalation und schrieb unmittelbar nach ihrer Ankunft auf die mir bekannte Telefonnummer eine Whatsapp Nachricht, dass ich Lara sofort zurücknehmen würde. Zu diesem weitestmöglichen Angebot stehe ich nach wie vor.'

Bisher habe ich nichts mehr von diesen Menschen gehört, doch wer weiß, ob sich nicht doch noch etwas zusammenbraut und ein Anwaltsschreiben im Alten Jagdhaus eingeht. Gefeit ist davor kein Hundezüchter, ja - kein Verkäufer dieser Welt, egal, wie nachhaltig und gewissenhaft dieser versucht, zu arbeiten; egal, wie entgegenkommend dieser seinen Kunden gegenüber ist. Menschen, die Krieg wollen, finden meist Mittel und Wege, ihn auch heraufzubeschwören.

Gern hätte ich meine kleine Lara zurückgenommen. Sollten diese Leute auch nur ansatzweise in solch scharfem, feindlichem Ton Daheim miteinander umgehen und so bedrohend aufeinander einwirken, wie sie es mir gegenüber taten, wundert es mich nicht, dass Lara vielleicht sogar noch scheuer gewesen ist, als sie es ohnehin gewesen wäre. Nicht auszudenken, wie die Kleine sich fühlt, wenn mit ihr so umgegangen wird.

Meine geliebte Lara werde ich womöglich nie wieder sehen. Doch vielleicht hilft ihre Geschichte, Ihnen - den neuen Käufern von Welpen oder auch älteren Hunden - sich von vornherein besser und eingehender mit der Situation des Hundes zu befassen, bevor Sie auf solch unschöne Weise den Züchter bzw. den Vorbesitzer für etwas verantwortlich machen, wofür er/sie unter Umständen gar nichts kann.

Bevor Sie also auf den Hund oder die Zucht, aus der sie den Hund geholt haben, schimpfen und losgehen, befassen Sie sich eingehend damit, was für einen Wechsel ein Tier tatsächlich erlebt. Es wird Ihnen und dem Tier im gegenseitigen Verständnis füreinander sehr viel weiterhelfen.

***

die kleine Lara aus dem Alten Jagdhaus mit 7 Wochen

***

*Die Tiere sind unsere Brüder,
die großen wie die kleinen.
Erst in dieser Erkenntnis
gelangen wir zum wahren Menschentum.
Diese Bruderschaft zwischen Mensch und Kreatur
hat der heilige Franziskus von Assisi (1182 bis 1226)
erkannt. Aber die Menschen verstanden es nicht.
Sie meinten, es sei Poesie. Es ist aber die Wahrheit.
Die Religion und die Philosophie müssen es anerkennen.
Vergebens haben sie sich dagegen gewehrt.*

Albert Schweizer

***

Mögliche Folgen eines Wechsels

Die Folgen eines Wechsels können gravierend sein und weitreichende körperliche Symptome bis hin zu Krankheiten zeitigen, die pauschal in die Kategorie ***psychosomatisch*** einzuordnen wären.

!!!

*Hier sei mit größtem Nachdruck auf das Wort **KANN** hingewiesen.*

All das nun folgend Beschriebene wird nicht zwangsläufig eintreten, sondern in selten Fällen KANN es zu solchen Folgen eines Wechsels kommen.

!!!

Für einen älteren Hund *kann* eine Veränderung allerdings noch viel drastischer sein, als für einen Welpen. Ein Welpe ist ohnehin neu auf der Welt, hat sich an noch nicht so viel gewöhnt, hat noch keine tiefe Verbindung zu einem Menschen, da die ersten Wochen vor allem die eigene Hundemama wichtig ist. Normalerweise beginnen die Welpen erst in einem abgabefähigen Alter, sich den Menschen zuzuwenden.

Ein älterer Hund jedoch hat meist eine tiefe Verbindung zu der Bezugsperson bzw. den Bezugspersonen. Der ältere Hund ist an seine Umgebung gewöhnt, an die Abläufe des Lebens des ihm nahestehenden Menschen, die Tages- und Freizeitgestaltung. Waren dann noch weitere Hunde im Haus, von denen sich der Hund trennen musste, gegebenenfalls sogar die eigene Mutter, von der er oder sie noch nie getrennt war, kann eine Trennung sogar noch drastischer sein, als sie ohnehin schon ist.

Liselotte - ein freches Herzchen, das im Alten Jagdhaus den Welpen viel Quatsch beibringt, in fremder Umgebung jedoch der Sicherheit halber lieber auf Frauchens Schoß sitzt und diesen am besten nicht verlässt. Man weiß ja nie.

Mama mit ihrem Baby im Arm

Psyche bezeichnet im ursprünglichen Sinn des Wortes *die Seele*

Soma ist *der Körper*

Krankheiten bzw. Symptome des *psychosomatischen Formenkreises* beziehen sich auf Ursachen, die aus der Seele kommen und sich im Körper zeigen. Man sagt psychologisch auch: Ein Wesen *leibt* sein Problem, sein Gefühl, seine Krise.

Da das Gefühlsleben eines Tieres nachhaltig durch einen Wechsel beeinflusst werden kann, der tiefe Empfindungen auszulösen vermag, spricht man hier verallgemeinert von *Stress*.

Stress bedeutet, dass das gesamte System im Überlebensmodus fungiert, während 'nebensächliche' Funktionen ausgeschaltet werden. Die Entspannungs- und Glückshormone können in solchen Situationen herabgesetzt sein, wogegen Stresshormone vermehrt ausgeschüttet werden - mit entsprechenden Auswirkungen auf den Organismus.

Praktisch bedeutet das, dass sich das Tier in einem Ausnahmezustand befindet.

Auf der Plattform *psychologen-und-psychiater-im-netz.org* wird solch eine Phase folgendermaßen beschrieben:

Chronischer Stress durch Arbeitsüberlastung im Berufsleben oder vor Prüfungen, durch familiäre Probleme, traumatische Erlebnisse und andere über längere Zeit andauernde psychische Belastungen hat ein Absinken von bestimmten Substanzen des Immunsystems zur Folge, die der Abwehr von Krankheitserregern dienen. Gleichzeitig werden Stresshormone ausgeschüttet, die eine angemessene Immunantwort des Organismus unterdrücken.

*„Der Organismus kann dann nicht mehr mit der notwendigen Schlagkraft Krankheitserreger bekämpfen",
so Müller. „Neben einer erhöhten Infektionsanfälligkeit kann auch das Entstehen neuer Krankheiten und eine Verschlechterung bereits bestehender Erkrankungen begünstigt werden. Psychischer Stress verschlimmert beispielsweise häufig chronisch-entzündliche Erkrankungen wie Asthma, Arthritis und Herz-Kreislauf-Erkrankungen." Die negativen Auswirkungen von Stress auf das Immunsystem treten auf, wenn die Stress auslösenden Faktoren über einen längeren Zeitraum auftreten und sie von den Betroffenen als belastend und bedrohlich wahrgenommen werden.*

Auf der Plattform *netdoktor.at* steht zu der Frage **Welche Auswirkungen hat chronischer Stress auf das Immunsystem?** Folgendes:

Unzählige Untersuchungen haben sich bereits mit der Auswirkung von Stress auf das Immunsystem befasst (Psycho-Neuro-Immunologie). Alle kamen zu demselben Ergebnis: Wer dauerhaft gestresst ist, wird eher krank, da Viren, Bakterien und Keime weniger Gegenwehr haben. Das betrifft akute Infektionen, aber auch chronische Erkrankungen. Chronisch kranke Patienten etwa können auf starken Stress mit einem Schub reagieren, Fieberblasen (Herpes) kommen in stressigen Perioden häufiger zum Vorschein.
Aber nicht nur die Anfälligkeit für Erkrankungen steigt: Auch der Heilungsprozess kann sich durch chronischen Stress verlängern. Wunden etwa heilen langsamer, Impfungen sind weniger effektiv.
Zudem begünstigt Stress die Entstehung von Krebs: Bei der Zellteilung kommt es in unserem Körper häufig zu "Fehlern". Mutierte Tochterzellen – Krebszellen – sind das Ergebnis. In diesem Fall werden die natürlichen Killerzellen auf den Plan gerufen und zerstören die

mutierte Zelle. Bei chronischem Stress ist die Zahl und Aktivität der NK-Zellen jedoch erniedrigt – Krebszellen können sich also eher vermehren, bevor sie unschädlich gemacht werden, als bei einem intakten Immunsystem.

Diese Texte sind zwar für Menschen geschrieben, treffen jedoch auf das Tier ebenso zu, da der Hund - genau wie wir - biologisch zu den Säugetieren zählt und der Aufbau innerer Organe wie Magen, Leber, Milz, Blase, Herz-Kreislauf-System, Immunsystem etc., die selben sind wie bei uns. Man kann demnach die Auswirkungen von dauerhaftem Stress auf den Menschen problemlos auf das Tier übertragen.

Diese Beschreibungen sollen jedoch keine Angst machen! Angst ist ja wiederum ein Stress-Zustand. Diese Beschreibungen sollen lediglich aufklären und den neuen Hundeeltern - der Hundemama sowie dem Hundepapa - bewusst machen, wie sich ein Welpe und ein älterer Hund nicht nur fühlen kann, sondern was ein Tier auch körperlich durchmachen kann, wenn dieses solch einen Wechsel durchlebt.
Für die meisten unter Ihnen wird all das oben Beschriebene relativ klar und einleuchtend sein, in jedem Fall - so hoffe ich - doch für jeden nachvollziehbar. Dies ist nicht immer klar und es ist bei Weitem nicht vorauszusetzen, dass einem Menschen bewusst ist, in welch einer Ausnahmesituation sich der neue Mitbewohner befindet. Dies verdeutlicht dieser Fall:

Drei Tage nach der Abholung eines Welpen bekam ich eine Whatsapp-Nachricht mit etwa folgendem Text:

'Der Welpe quiept so. Es ist nicht einmal möglich, zur Toilette zu gehen, Zähne zu putzen oder Kaffee zu holen. Schon wenn nur ein halbhoher Schrank die Sicht auf mich versperrt, quiept Kina*. Wir werden später zum Tierarzt

gehen, um eine behandlungsbedürftige Erkrankung ausschließen zu können. Wir halten das nicht aus! Der Welpe muss sofort behandelt werden oder er muss weg!"

Als ich diese Nachricht bekam, ahnte ich, worauf dieser Fall hinauslaufen wird: Auf Geldforderungen. Ich bot sofort an, den Welpen zurückzunehmen. Gleich am kommenden Tag brachte die Dame den Welpen zurück.

Da ich keinen Ärger mit dieser ganz offensichtlich von dem Welpen überforderten Frau haben wollte, die meinem Empfinden nach wenig Einfühlung in solcherlei Situationen besitzt und nicht im Stande war, sich in die Situation dieses kleinen Wesens hineinzuversetzen, zahlte ich ihr - entgegen meiner Verträge - die volle Summe in bar zurück. Ich nahm den Welpen an mich und versicherte ihr auf ihre letzte Frage am Auto, ob mit uns alles in Ordnung sei oder ob ich jetzt böse wäre, dass alles gut ist und sie sich keine Sorgen zu machen brauchte.

Zwei Monate später bekam ich Post von ihrem Anwalt.

Angeblich hatte ich das Geld nicht vollständig zurück gezahlt und einer meiner Hunde - ein kleiner, scheuer 2,5 kg leichter Rüde namens Mishka, der sich keine 3 Meter an fremde Menschen herantraut, geschweige denn sich von ihnen streicheln lässt; ja, für den ich auf Grund seiner Ängstlichkeit kurz nach seiner Ankunft im Alten Jagdhaus sogar einen Hundetrainer kontaktierte, um mir Rat zu holen, wie ich mit dieser extremen Ängstlichkeit und Scheuheit umgehen soll - hat angeblich festgebissen, wie ein Pitbull *festgebissen* - in dem Bein von Frau E. gegangen. Dies mündete in Schadensersatzansprüchen von über 1600,- Euro, die ich doch bitte umgehend auf das Konto von Frau E. zu überweisen hätte.

Beweise über den Fall müssten sie und ihr Anwalt keine vorlegen, ich sollte lieber einfach zahlen, um mich nicht einer Klage ausgesetzt zu sehen.

Auch nach dreimaligem Briefwechsel waren Frau E. und ihr Anwalt zu keiner Kooperation bereit. Ich meldete den Fall meiner Betriebshaftpflichtversicherung. Dieser legte Frau E. erstmals ein Foto vor von dem ihrer schriftlichen Erläuterung nach 'blutenden Biss am rechten Bein'.

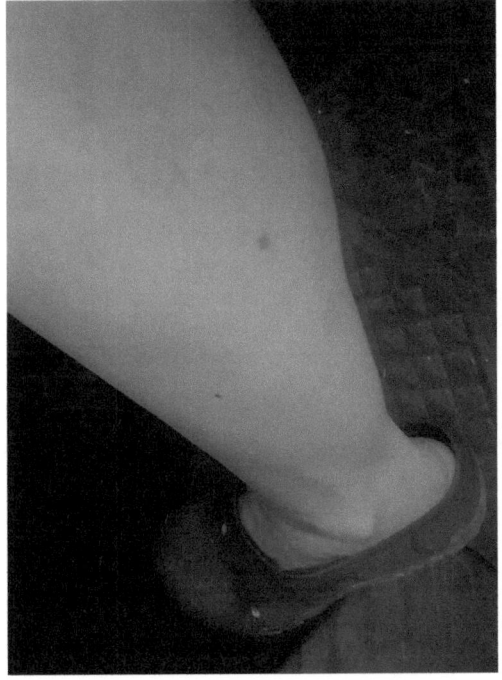

Foto: das rechte Bein, das leider ein linkes Bein ist, mit blutenden Biss (Mitte Unterschenkel)
Die Versicherung lehnte den Fall drei Mal ab, woraufhin

Frau E. Klage einreichte, die in erster Instanz abgelehnt wurde. Sie ging in Berufung. Auf Wiedersehen beim Landgericht.

Heute möchte sich Frau E. selber eine Bolonka-Hundezucht aufbauen und verklagte im selben Atemzug zu ihrer Entscheidung, Hunde zu züchten, ein weiteres Züchterehepaar, von denen sie nicht nur 1600,- Euro forderte, sondern gleich 5500,- Euro. Angeblich hatte der von meinen Kollegen gekaufte Welpe eine Parasiteninfektion, auf Grund derer die komplette Ausrüstung einer gesamten Hundezucht - Spielsachen, Häuschen, Utensilien aller Art, etc. - neu gekauft werden müssten, neben einer neuen Waschmaschine, einem neuen Trockner und der Umgestaltung ihres Gartens. Rechnungen darüber gehe die Züchter, laut einer von ihr verfassten Textnachricht, 'gar nichts an'. Ob all diese Dinge, die sie angeblich für ihre Hunde neu kaufen muss, vorher im Hause überhaupt existiert haben, wird nicht erläutert.
Ob hier nicht eher versucht wird, sich mit fremden Mitteln eine eigene Hundezucht zu finanzieren, kann man nur mutmaßen. Der Verdacht zwingt sich einem jedoch leider auf.

Heute bewegt sich Frau E. unter einem Synonym, ähnlich ihres richtigen Namens, in sozialen Netzwerken und schreibt Welpeninteressenten über Messenger-Dienste an, um sie vor Züchtern mit Pitbull-Bolonkas und Züchtern mit angeblich verseuchten Welpen *'zu warnen'*. Sollten Sie eine solche Nachricht erhalten, die fraglos verleumderische, unwahre, ruf- und geschäftsschädigende Inhalte aufweist, wäre ein Hinweis direkt an mich sehr hilfreich.

***

Kina, das quiepende Welpen-Mädchen
Ob nicht vielleicht Liebkosungen und Fürsorge die Situation
gelöst hätten?

Doch Glück im Unglück:
Immerhin hat Frau E. nicht behauptet, meine Hunde hätte sie erschossen.

(Bild-Zeitung vom 19.02.2019)

Hier stellt sich unweigerlich die Frage, ob es nicht nur aus ethischen Gründen, sondern vor allem aus menschlichen Gründen vertretbar ist, solch einen Weg zu beschreiten, in der Hoffnung, andere Menschen 'bestraft' zu sehen und selbst finanziell 'entschädigt' zu werden. Das gilt sowohl für Frau E. als auch für die Käufer meiner geliebten Lara, die mit Drohungen und Einschüchterungsversuchen am Himmelfahrtstag auf meinem Hof nicht gespart haben.
Müssen wir Menschen tatsächlich so miteinander umgehen? Oder können wir uns nicht viel mehr an unseren geliebten Hunden ein Beispiel nehmen, die uns laut Franz von Assisi als 'Botschafter Gottes' gesandt wurden und die uns solch eine reine, ununterbrochene Liebe und Zuneigung vorleben, solch Treue und Ergebenheit, Hingabe, Zuwendung und Dankbarkeit, dass wir Menschen im Lichte ihrer Menschlichkeit oftmals erblassen?

Wenn es den Hunden möglich ist, menschliche Werte in die Welt zu bringen und menschlich mit uns umzugehen, kann es dann nicht auch uns Menschen möglich sein, menschlich zu sein und menschlich miteinander umzugehen?

***

Bitte überlegen Sie sich *gut*, was Sie tun und wie Sie auf andere Menschen reagieren! Und hier verallgemeinere ich ganz bewusst! *Sprechen* Sie mit ihrem Züchter, oder dem Verkäufer Ihres Hundes, *bevor* Sie Wege beschreiten, die nicht nur unnütz und teuer sind, sondern auf denen immer alle Beteiligten nur verlieren können.

Nicht nur der Beklagte, sondern auch der vermeintliche Kläger. Noch nie habe ich es erlebt - zwar habe ich nicht endlose Erfahrungen in der Welt der Gerichte, doch leider ein paar - dass irgendeine juristische Auseinandersetzung ausschließlich zu Gunsten einer einzigen Seite ausging. Weder Frau E. hatte mit ihrer Klage den erwünschten Durchmarsch, den Sie sich erhoffte, noch der Bauer, auf den ich im Weiteren minimal Bezug nehmen werde und der statt einen gewonnen Prozess zu feiern, kläglich vor Gericht scheiterte und an seiner Zerstörungswut letztendlich zugrunde ging.

Einem Menschen zu drohen und ihn zu verklagen empfinde ich als unethisch, da ich glaube, dass es unsere menschliche Pflicht ist, Nächstenliebe zu üben und Frieden in die Welt zu bringen, anstatt einen Disput anzufeuern und jede Meinungsverschiedenheit eskalieren zu lassen. Frieden in meiner Seele ist mir mehr wert als alle Prozesse vor Gericht, die immer Stress, Unruhe und Unglück bedeuten. Kriege - ob im Großen oder Kleinen - verzehren Nervenkraft und seelische Energie, die wir alle zu unserem eigenen Wohlbefinden und dem Bewältigen unserer täglichen Lebensaufgaben brauchen und wesentlich besser nutzen können und sollten.

!!!

Sollte also ein Unglück geschehen oder das ausgesuchte Tier nicht so sein, wie Sie es erhofft haben, dann sprechen Sie mit Ihrem Züchter - und versuchen Sie nicht gleich, ihm zu schaden oder ihn gar zu vernichten.

!!!

Handlungen entgegen allem Verständnis, Mitgefühl und Nächstenliebe sind Vorgehensweisen, die ohnehin *immer* um ein vielfaches auf einen selbst zurückfallen und für die man am Ende des Weges einen Preis bezahlt.

Ob man daran glaubt oder nicht.

***

*Es gibt keinen Weg zum Frieden,
der Friede ist der Weg.*

Mahatma Gandhi

***

In der Hoffnung, dass der Fall und das Benehmen von Frau E., sowie das von Frau P. und ihrem Begleiter, absolute Ausnahmen sind und bleiben, möchte ich hier die eventuellen, möglichen gesundheitlichen Folgen eines Wechsels noch einmal zusammenfassen:

Je nachdem, wie empfindsam die Seele und der Körper des ausgesuchten Hundes sind, *können* sich Symptome zeigen wie

- Zurückgezogenheit
- Angst
- Zittern
- Scheu
- Appetitlosigkeit

Ältere Hunde können zeitweilig 'vergessen', dass sie doch eigentlich Stubenrein sind. Die neue Situation kann sie so durcheinander bringen, die neue Umgebung so beängstigend wirken, dass sie einfach nicht wissen, was sie machen sollen; nicht wissen, was richtig und was falsch ist. Bitte sehen Sie Ihnen das nach und strafen sie einen Hund in solch einer Situation nicht! Gehen Sie in jedem Fall liebevoll und behutsam mit dem Tier um!

Auch Parasiteninfektionen können auftreten, wie

- Ohrmilben
- Flöhe
- Läuse
- Würmer
- Giardien

Das hat nicht zwangsläufig damit zu tun, dass der Hund diese Erreger schon mitgebracht hat, sondern es *kann* sein, dass sein Immunsystem durch den erhöhten Stress so geschwächt ist, dass schon der leichteste Kontakt mit

Erregern zu einer Infektion führen kann. Das kann die Pfütze sein, durch die der Hund läuft und das Pfötchen, dass er sich später ableckt; das kann das Gras sein, durch das er auf einem Rastplatz oder in der neuen Umgebung läuft und durch das vorher andere, infizierte Tiere gelaufen sind; das kann ein ganz unbedarfter, kurzer Kontakt mit anderen Tieren sein - die Möglichkeiten sind unzählbar. In einem geschwächten Zustand, einer depressiven Phase, in Trauer, Angst, Unsicherheit und Ähnlichem, kann die innere Abwehr des Tieres so geschwächt sein, dass Erreger aller Art einfachen und schnellen Zugang zum System haben; einfacher und schneller, als das normalerweise der Fall ist.

!!!

***Das gilt für Infektionen,
Empfindlichkeiten und Krankheiten aller Art!***

!!!

Es muss also nicht unbedingt sein, dass Sie eine Parasiteninfektion vom Vorbesitzer mitbekommen haben, wenn kurz nach dem Kauf solch eine auftritt; das gilt nicht nur für Ektoparasiten wie Läuse, Flöhe, Milben und Haarlinge, sondern auch für Endoparasiten wie zum Beispiel Würmer.
Einen Sonderfall stellen *Giardien* dar. Eine heute weitläufig diskutierte Theorie zu diesem Thema ist, dass der Erreger von vornherein in allen Tieren lebt, ähnlich dem Herpes-Virus im Menschen, doch nur bei einigen wenigen zum Ausbruch kommt, vor allem aber in Stress-Situationen - wie schon auf der Seite *netdoktor.at* beschrieben wurde.
Das bedeutet: zum Ausbruch kommen sie vor allem in Ausnahmesituationen wie der in diesem Buch beschriebenen.

Das innere System eines Menschen und eines Hundes sind sehr fein aufeinander abgestimmte Gleichgewichte von Bakterien, Pilzen und - es klingt erschreckend - Kleinstlebewesen wie Parasiten. Wird dieses fein-aufeinander abgestimmte Gleichgewicht zugunsten irgendeines Parameters verschoben, haben die anderen Faktoren praktisch freie Bahn und vermehren sich.

Giardien sind mittlerweile so bekannt und bei manchen sogar beliebt, dass man sie sich nach Hause holen kann, wenn man denn möchte.

Beispiel:

Eine Mutter meint es extrem gut mit ihrem Kind und möchte jeglichen Kontakt mit Bakterien vermeiden. Die Türklinken, das Spielzeug, die Kuscheltiere, ja einfach alles wird mit anti-bakteriellen Desinfektionsmitteln eingesprüht und abgewischt.

Was ist die mögliche Folge? - Pilz und Parasiteninfektionen.

Denn Bakterien sind die natürlichen Gegenspieler der Pilze und Parasiten. Werden diese permanent eliminiert, haben die anderen Komponenten freie Bahn. Sohr - *die Mundfäule*, oder auch *der Mundpilz*, sind heute nicht seltene Erscheinungen bei Kindern aus eben solchen Haushalten, in denen die Gesundheits-Fürsorge schon lange über ihr Ziel hinaus geschossen ist.

Das ist auch die Gefahr bei Antibiotikabehandlungen. Zwar stellen sich hier die Infektionen eher im Magen-Darm-Trakt ein, doch auch hier sind die möglichen Folgen: Pilzerkrankungen und Parasiteninfektionen.

Warum nehmen Pilzerkrankungen in der heutigen Zeit überhaupt so rapide zu? Weil wir unser System ständig mit chemischen Keulen bearbeiten: Waschmittel, Duschgels, Seifen. Andauernd wird der natürliche Säureschutzmantel der Haut zerstört und hat manchmal keine 24 Stunden Zeit, um sich wieder zu regenerieren.

<u>*Merke:*</u> *Pilz- und Parasitenbefall werden erheblich durch eine übertriebene, schon lange über das Ziel der Reinlichkeit hinausgeschossene, Hygiene begünstigt.*

(4) **Buchtipp:** *Hair - Alles über Alternative Haarpflege - Ein Wegweiser durch die Welt chemiefreier, alternativer Waschsubstanzen für Haut und Haar. Auch für Tiere geeignet! A. K. Tessnow*

Auch Stress kann dieses Gleichgewicht stören und entsprechende Folgen zeitigen.

Doch *selbst wenn* -

Eine Parasiteninfektion ist kein Beinbruch. Sollten es Würmer sein, wird ein Wurmmittel gegeben, und fertig. Gegebenenfalls wird es im Abstand von ca. 2 Wochen noch einmal nachgegeben, aber spätestens dann ist Ruhe.

Sollten sich Flöhe, Läuse, Haarlinge bei Ihnen melden - ebenfalls kein Grund zur Panik! Die Hunde werden gewaschen und ausgekämmt, eventuell das Haar etwas geschnitten, um die Pflege zu vereinfachen; die Kissen und Hundebettchen werden gewaschen, was ebenfalls nach erfolgter Behandlung wiederholt werden kann - fertig. Zudem gibt es genügend Anti-Parasiten-Sprays für die Umgebung, für Kissen, Betten, Liegeplätze, Couchen etc. Diese erhält man überall: bei Amazon, in Tierbedarfsläden, ja sogar in Bauhäusern mit Hundeabteilungen. All diese Vorkommnisse sind kein Grund zur Aufregung!! Es gibt heute weitreichende Behandlungsmöglichkeiten, die kein Medizinstudium erfordern und mit geringem Aufwand durchgeführt werden können.
Das selbe gilt für Giardien. Die Hunde werden mit dem gängigen, vom ansässigen Tierarzt empfohlenen, Medikament behandelt, daheim werden die Bettchen und Decken gewaschen, unter Umständen der Raum einmal de-kontaminiert, was sich auch nur im ersten Augenblick erschreckend anhört, aber extrem einfach ist, und die Giardien-Infektion sollte zu bannen sein. Sollte es für Sie von Interesse sein, finden Sie den entsprechenden Link zu einem empfohlenen Produkt zur De-Kontaminierung ihrer Wohnräume und dessen Beschreibung im Anhang.

Tipp: Air-Purifier, Luftsterilisator

!!!

Meine Bitte an alle neuen Welpen- und Hundebesitzer:

__Keine Panik!__

Egal, was passiert! Panik und Angst sind in der Regel keine guten Ratgeber. Ihr Züchter wird Ihnen sicher mit gutem Rat zur Seite stehen, sollte tatsächlich einmal irgendetwas auftreten.

!!!

Die Natur bietet nicht nur Auslauf und Freiheit, sondern birgt unter Umständen auch Gefahren, z.B. das Risiko, sich mit ungewollten Erregern anzustecken und zu infizieren.

Erste Schritte in der neuen Welt

Welpe

Ist der Welpe bei Ihnen angekommen, dann möchte ich an dieser Stelle kurz und bündig auf einige weit verbreitete Theorien eingehen, die jeder realen Grundlage entbehren:

A - *Der Welpe darf sich nur so viele Minuten am Tag bewegen, wie er in Wochen alt ist.*

Das ist der größte Quatsch, den ich je gehört habe! Leider geht diese Theorie soweit, dass manch ein frischgebackener Welpen-Elternteil seinen Welpen tatsächlich den ganzen Tag über in eine Kiste sperrt, um ihn dann im Alter von 10 Wochen 10 Minuten, im Alter von 15 Wochen 15 Minuten, im Alter von 20 Wochen 20 Minuten usw. aus der Kiste herauszulassen.

Das ist fraglos Tierquälerei!

Die psycho-logischen Folgen können sein:

- Hyperaktive Unruhezustände ähnlich denen eines kleinen Kindes, das entgegen seines natürlichen Bewegungsdranges, den ein Kind sowie ein junger Hund einfach nun mal hat, zum Stillsitzen gezwungen wird.

- Depressive Verstimmungen
- Appetitlosigkeit
- verminderte Reaktionen auf Umweltreize
- Apathie
- Trauer
- Niedergeschlagenheit
- Aggression
- Alle Anzeichen von Frustration

- Nagen am Plastik der Kiste
- Zerkauen von Gegenständen um Spannung abzubauen
- Hyperaktivität, wenn der Welpe mal aus der Kiste darf
- vor Freude Pullern und nicht in der Lage sein, Stubenreinheit zu verstehen

***

B - *Der Hund - vor allem der Bolonka, die Rasse, die ich züchte und auf die sich meine Erfahrungen beziehen - ist ein robuster, russischer Zarenhund und kann auch gut einmal 20 Kilometer laufen.*

Das *kann* sein - wenn der Bolonka-Hund ausgewachsen und entsprechen groß, kräftig und trainiert ist.

Das ist allerdings nicht Fall
bei einem 2 Tage alten Welpen!!

Fallbeispiel 1:

Eine Kundin ruft an und beschwert sich, dass ihr Welpe nur noch herumliegt. Nach längerem Gespräch und Nachfragen stellt sich heraus, dass schon am ersten Tag (!) ein 2-Stunden-Marsch unternommen wurde, von dem sich der Welpe auch nach einigen Tagen nicht erholt hat. Die Käuferin ist doch davon ausgegangen, dass diese Hunderasse robust ist und man auch mal längere Strecken mit solch einem Hund laufen kann.

Die befreundete Züchterin nahm umgehend den Welpen zurück, dem schlicht und ergreifend alle Knochen wehtaten und der so hoffnungslos überfordert wurde, dass er sich vor Schmerzen gar nicht mehr bewegen *konnte*.

Fallbeispiel 2:

Nach ca. einem Jahr beschwert sich eine Kundin bei einer weiteren, befreundeten Züchterin, schon ihr zweiter Bolonka habe einen Patella-Schaden, der doch erblich bedingt sei.
Nach etwas Recherche fand meine Bekannte heraus, dass keiner der anderen Welpen des Wurfes einen Patella-Schaden (Schaden der Festigkeit der Kniescheibe) hatte, auch die Elterntiere waren Patella-frei.
Doch im Gespräch stellte sich heraus, dass die Kunden eifrige Wanderer waren. Und dass sie als Rentner, mit viel Zeit und ohne weitere Verpflichtungen, intensiv ihrem Hobby nachgingen und dieses auch exzessiv in langen Tagesmärschen auslebten.
Da ihre Hunde in ihrer Wachstums- und Entwicklungsphase ohne Pause jeden Marsch begleiten mussten, nahmen sie erheblichen gesundheitlichen Schaden.

Die Patella-Schäden dieser Tiere hatten nichts mit Vererbung, sondern allein mit konsequenter Überforderung zu tun.

Sowohl die Theorie der Variante A, als auch die der Variante B, sind grundlegend falsch und beziehen in keinem Moment die Natur der Tiere mit ein.

In meinem Buch 'Bolonka Zwetna - von der Empfindsamkeit der Hundeseele und der Liebe, die sie schenkt' bin ich weiter auf dieses Thema eingegangen und kann dieses Buch an dieser Stelle noch mal allen empfehlen, die an dem Verständnis für diese Rasse - ja für Hunde im Allgemeinen - interessiert sind.

Ein Tier, ein Welpe, ein Kind, 'weiß' wann es spielen möchte, aktiv sein will und schlafen muss. Normalerweise spielen kleine Welpen und laufen fröhlich herum, wenn sie dies brauchen und ihre 'Wachphasen' haben. Sie schlafen auf der Stelle ein, wenn sie denn müde sind und von Spiel und Bewegung erschöpft.

Sollte das der Fall sein, dann lassen Sie in Variante

A - den Welpen spielen, herumtollen, seine Welt erkunden

B - den Welpen schlafen und ruhen!!

***

Seien Sie aufmerksam und lassen sie das Tier - also die Natur - entscheiden, wann gewacht und wann geruht wird.

***

Wenn das Baby müde ist, bekommt es ein Kuscheltierchen

Unanja aus dem Alten Jagdhaus

Ganz offenkundig zuzuordnen der FCI-Gruppe 11 - Schlafmützen und Schlummerrollen

Aber die schönsten Wirkungen werden erzielt,
wenn es darum geht,
der Natur
in der Erfüllung ihrer physiologischen Arbeit
zu helfen.

Oswald Wirth

aus dem Buch
Heilende Hände -
Der Weg zum wahren Heiler

Welpe und älterer Hund

Auch ältere Hunde können durch Überforderung gesundheitliche Schäden davontragen, selbst wenn sie ihre Wachstumsphase lange abgeschlossen haben. Versuchen Sie daher, die Natur in der Erfüllung ihrer physiologischen Arbeit zu unterstützen - kurz: Unterstützen und fördern Sie das Maß an Bewegung und Ruhe, das Ihr Hund sich wünscht und sich von sich aus versucht zu nehmen.

Die Natur weiß in der Regel von ganz allein, was ihr entspricht.

Da die meisten Hunde sehr treu und anhänglich sind, werden sie versuchen, Ihnen alles Recht zu machen. Möglicherweise wird Ihr Tier auch über seine Kräfte hinaus versuchen, Ihnen Ihre Wünsche zu erfüllen und Ihnen sogar auf kräftezehrende Märsche und Tagestouren folgen. Bitte seien Sie sich bewusst, was für eine Hunderasse sie vor sich haben und versuchen Sie, so logisch wie möglich zu denken:

Versuchen Sie, die Größe des Hundes mit der abverlangten körperlichen Leistung in Einklang zu bringen!

!!!

In der Regel bleiben die Hunde gesund. Um die Gesundheit des Hundes zu erhalten und zu fördern, finden Sie am Ende die letzten und wahrscheinlich wichtigsten Kapitel dieses Buches

!!!

Durch Zuhören, Hinsehen, Wahrnehmen und Erkennen beantworten sich die meisten Fragen ganz von allein.

Mitfühlende Seelsorge als beste Krankheits-Prävention

Heute wird weithin diskutiert, inwiefern nicht die Seele die Ursache körperlicher Krankheiten ist. Manche Ärzte, nicht nur solche, die ohnehin ganzheitlich denken und arbeiten, sondern mittlerweile auch schulmedizinisch wirkende, sind der Überzeugung, dass tatsächlich 100% aller auftretenden Krankheitsgeschehen aus der Psyche, also der Seele, stammen und hier ihren Ursprung haben. Ob es tatsächlich so ist oder nicht, erlaube ich mir nicht zu entscheiden, doch ich respektiere die Verfechter dieser Theorie vollends und kann mir durchaus vorstellen, dass dies unsere Realität ist. Diese Theorie würde nicht nur die weitreichenden Erfahrungswerte der Wissenschaft bestätigen, sondern auch der aktuelle Stand der Quantenphysik vertritt diese These, nach der wir alle vergeistigte Wesen sind, im Stande, unsere Realität selbst zu erschaffen - ob bewusst oder unbewusst.

Doch mit Sicherheit haben Gefühle und Emotionen, Stimmungen und Launen einer Person Auswirkungen auf die weiteren Anwesenden - vor allem auf die Tiere im Haus.

Hier sei unter anderem hingewiesen auf die Experimente von Masaru Emoto, der mit Aufklebern auf Wasserflaschen die darin befindlichen Wassermoleküle nach etwas 'Einwirkzeit' schock-gefrostet hat und unter dem Mikroskop so nachweisen konnte, dass sogar pure Gedanken die Struktur des Wassers wesentlich beeinflussen.

Buchtipps von Masaru Emoto:

(5) Die Botschaft des Wassers: Sensationelle Bilder von gefrorenen Wasserkristallen
(6) Liebe und Dankbarkeit: Der universelle Lebenscode. Wasser - lebendiger Botschafter
(7) Wasser und die Kraft des Gebetes

Die folgenden Bilder sind aus Masaru Emotos Buch

Liebe und Dankbarkeit: Der universelle Lebenscode

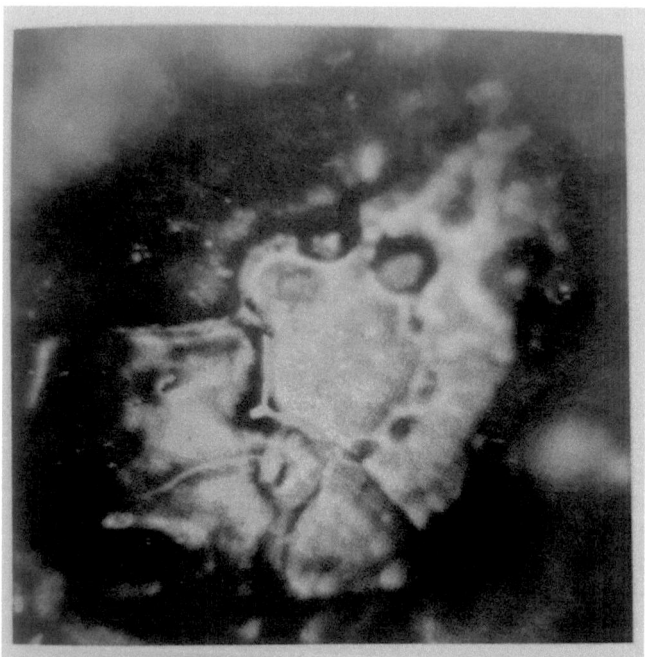

Kristall-Fotografie vom Wasser
vor dem Gebet

Fotografie eines Kristalls
vom Wasser nach dem Gebet.

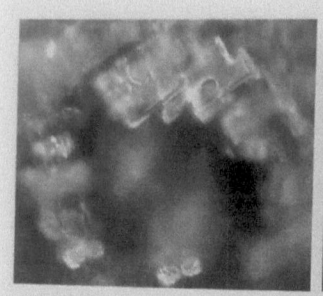

Wasser, das den elektromagnetischen Wellen eines Fernsehers ausgesetzt war

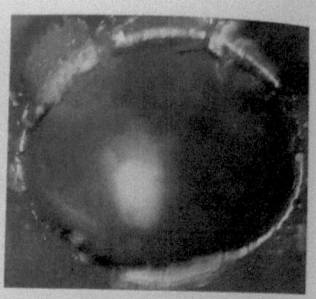

Wasser, das den elektromagnetischen Wellen eines Mikrowellenherdes ausgesetzt war

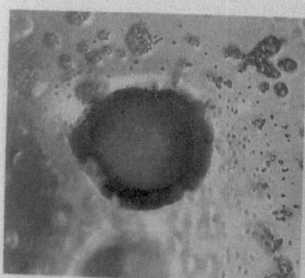

Wasser, das den elektromagnetischen Wellen eines Handys ausgesetzt war

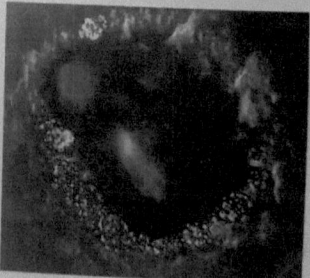

Wasser, das den elektromagnetischen Wellen eines Computers ausgesetzt war

Wasser, das mit einem Aufkleber mit den Worten „Liebe und Dankbarkeit" den elektromagnetischen Wellen eines Fernsehers ausgesetzt war

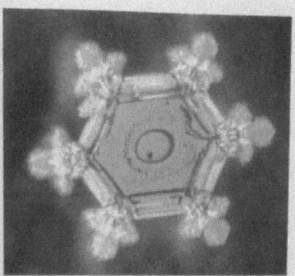

Wasser, das mit einem Aufkleber mit den Worten „Liebe und Dankbarkeit" den elektromagnetischen Wellen eines Mikrowellenherdes ausgesetzt war

Wasser, das mit einem Aufkleber mit den Worten „Liebe und Dankbarkeit" den elektromagnetischen Wellen eines Handys ausgesetzt war

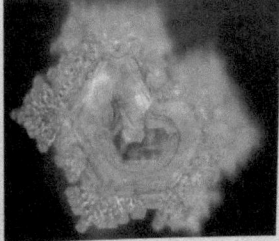

Wasser, das mit einem Aufkleber mit den Worten „Liebe und Dankbarkeit" den elektromagnetischen Wellen eines Computers ausgesetzt war

Doch auch andere Experimente verdeutlichen die (Aus-)wirkungen von Gedanken, ja reinen Absichten, auf unser Gegenüber:

Cleve Backster begann 1966 Versuche mit einem Lügendetektor, an den er eine Pflanze anschloss. Vorerst war keine Reaktion der Pflanze zu erkennen, ob er sie berührte, an ihren Blättern zupfte oder über sie strich. Doch als er sich entschied, aus dem benachbarten Zimmer Streichhölzer zu holen und eines der Blätter anzuzünden, schlug der Detektor intensiv aus.
Was bedeutet das? Die Pflanze hat die Absicht von Cleve Backster wahrnehmen können und darauf mit einer erhöhten Spannung reagiert.
Selbst, als Backster aus dem Nebenzimmer die Streichhölzer tatsächlich holte, schlug der Detektor weiterhin aus. Erst, als Backster seine Idee verwarf, 'beruhigte' sich die Pflanze und der Detektor zeigte keinerlei weitere Auffälligkeiten.
Noch interessanter wurde es, als er fünf Studenten zu folgendem Experiment einlud:

Zwei unterschiedliche Pflanzen wurden in einen Raum gestellt. Einem der Studenten wurde der Auftrag erteilt, eine der Pflanzen umzubringen. Das Experiment wurde durchgeführt. Nachdem alle Studenten den Raum verlassen hatten, schloss Cleve Backster die überlebende der beiden Pflanzen an den Detektor an und bat einen nach dem anderen der fünf Studenten wieder herein. Die Pflanze zeigte keinerlei Erregung - bis der 'Mörder' das Zimmer betrat. Sogleich zeigte sich ein hoher Ausschlag, der die erhöhte Spannung der Pflanze klar und deutlich anzeigte.
Die Pflanze konnte sich also erinnern, 'wusste' offensichtlich, wer der Mörder war, konnte ihn wahrnehmen und reagierte entsprechend auf ihn.

Was hat das mit uns und unseren Tieren zu tun?

***

Wenn Wasser, laut Masaru Emoto, durch Emotionen und Gefühle beeinflussbar ist, und wir - sowie unsere Tiere - zu ca. 70% aus Wasser bestehen, welchen Einfluss haben dann Gefühle, Gedanken und Emotionen *auf uns?*

***

Und wenn eine Pflanze auf die bloße Absicht reagiert, ihr 'wehzutun', ja - wenn eine Pflanze einen 'Mörder' erspüren kann und hohe Erregung in seiner Gegenwart zeigt - bedeutet das nicht, dass wir alle miteinander verbunden sind und sowohl gedanklich als auch emotional aufeinander einwirken?

Wie muss sich ein Tier fühlen, dass die Sorgen, die Ängste, die Befürchtungen, das Unwohlsein seiner Bezugsperson spürt? Was werden 'schlechte', destruktive, Gefühle, Gedanken und Zustände mit einem Tier machen, das langfristig solchen *energetischen Frequenzen*, wie sie die Quantenphysik nennen würde, ausgesetzt ist?

Und in wie weit haben all solche Gefühle und Emotionen, die von *innerhalb*, also aus dem Tier selber kommen, Auswirkungen auf das eigene System? Wie zum Beispiel

- Angst in einer neuen Umgebung?
- Furcht vor neuen Menschen?
- Unsicherheit?
- Angst und Scheu vor unbekannten Geräuschen?
- Heimweh?

***

Trauer ist das Heimweh unseres Herzens
nachdem,
was wir lieben.

***

***

Nia und Mama Lucia

Auch nach 1 1/2 Jahren nicht voneinander zu trennen.

***

Wenn eine Pflanze auf die Absicht, sie zu vernichten, nachweislich stark reagiert, können wir diese Verbundenheit nicht auch nutzen, um zu Heilen? Haben dann nicht heilende, wohlwollende Absichten und Gedanken eben solche intensiven Auswirkungen auf das Wesen, auf das sie gerichtet sind, wie destruktive Gedanken und Gefühle?

Wenn sich Wassermoleküle entsprechend der Frequenz formatieren, mit der sie frequentiert werden, haben dann nicht auch unsere eigenen Gedanken und Gefühle, die wohlwollend und mit heilender Absicht auf unser Gegenüber gerichtet sind, Auswirkungen auf unser Gegenüber - und auf uns?

In einem Interview von Ken Jebsen mit dem Arzt und Autor des Buches 'Chemotherapie heilt Krebs und die Erde ist eine Scheibe' erläutert Lothar Hirneise seine in seinem Buch vertretene Theorie, dass jedem Tumor ein Trauma zugrunde liegt; seine Theorie ist, dass man, um einen Tumor zu heilen, das darunter liegende Trauma ausfindig machen muss. Ein Tumor ist ihm zufolge der Ausdruck destruktiver, zerstörerischer Gedanken und Gefühle, von unverarbeitetem Schmerz, unbewussten Ängsten, seelischen Schmerzen, unaufgelöstem Leid.

In meinem Buch *'Nichts geschieht umsonst auf dieser Welt - oder Breakable - Zerbrechlich, die Anhänge'*, ein weiterführender Kommentar zu dem Roman *'Breakable - Zerbrechlich'*, beschreibe ich eindrücklich einen dazu passenden Fall:

Das Buch erzählt, wie *der* Mann, der sich in der Hauptfigur des Romanes *'Breakable - Zerbrechlich'* wiederzuerkennen meinte, unermüdlich mit einer lodernden Zerstörungswut dagegen anzugehen versuchte. Es war eine Zerstörungswut, der mit keinem Einigungsversuch beizukommen war. Er führte eine Vernichtungskampagne gegen das Buch und die Autorin ins Feld, im Laufe derer er an Krebs erkrankte und 1 1/2 Jahre später verstarb, ohne dass ihm irgendeine Therapie hatte helfen können.

*(8) **Buchtipp:** Der Roman als auch die Anhänge sind zusammengefasst in dem Buch*
'Sternenstaub am Horizont - zwischen Selbstwert und Zerstörung' online sowie in jeder Buchhandlung erhältlich

Wir alle wissen, dass schlechte Gefühle unser Wohlbefinden beeinträchtigen. Für uns selbst und unser eigenes, seelisches Wohl zu Sorgen ist also nicht nur wichtig und lebens-entscheidend für uns, sondern für alle - vor allem aber für die, die mit uns in Verbindung stehen.
Das Beste, was wir für unsere Tiere, unsere Umwelt, unsere uns umgebenden Menschen und auch für uns selbst demnach tun können, ist es, eine tiefe Ruhe und Gelassenheit allem gegenüber zu etablieren, die - vor allem unserem neuen Familienmitglied gegenüber - symbolisieren, dass es nichts gibt, worüber wir uns sorgen müssten.

Doch wie gelangt man zu dieser tiefen Ruhe und Gelassenheit?

Der Schlüssel liegt im Vertrauen.

Im Vertrauen darauf, dass man nicht nur in Bezug auf das Tier, an das man sein Herz verloren hat, sicher geleitet und beschützt ist, sondern dass man im Großen und Ganzen, in diesem Leben - in seinem eigenen Leben - sicher geführt und beschützt ist.
Auch wenn es zeitweilig nicht so scheint, so sind wir doch alle sicher. Nichts geht verloren in diesem Universum.

Keine Energie löst sich in Nichts auf. Es gibt lediglich Transformationsprozesse, Wandlungen, Erneuerungen.

Wer scheinbar unauflösbaren Schmerz über Vergangenes oder Trauer um Verlorenes in sich trägt und es scheint, als wäre dieser nicht zu bewältigen, dem empfehle ich das Buch eines meiner Ausbilder, dem Reinkarnationstherapeuten Trutz Hardo.

*(9) **Buchtipp:** 'Hab keine Angst vor dem Tod - Was die Forschung herausgefunden hat. Der Tod ist nicht das Ende.'*

Der Lauf der Welt und die Entwicklung allen Lebens stehen unter Myriaden lichter Sterne, die uns unsere Wege leuchten, wenn wir sie denn lassen, und uns wagen, auch in dunklen Zeiten zu vertrauen.

So werden der Seele im Laufe ihres kurzen Erdendaseins Prüfungen auferlegt, um ihnen den großen Segen zuteil werden zu lassen, immer feinfühliger, sensibler, empfänglicher, empfindsamer, verständnisvoller und mitfühlender zu werden, als sie es bisher war. Durch Schmerz weitet sich das Bewusstsein, wie der Leib der Mutter bei der Geburt neuen Lebens. Wir erleben die Dunkelheit, um uns vom Außen ab-, und dem Innen zuzuwenden, um von der Oberflächlichkeit und Flüchtigkeit der Welt zu wahrem inneren Reichtum zu finden.

Wir erleben die Nacht, um der Aufforderung Folge zu leisten, die der Evangelist Matthäus uns riet, 'unser Herz nicht an die Schätze auf der Erde zu verlieren, sondern unsere Schätze 'im Himmel' zu sammeln, wo weder Motten noch Wurm sie zerstören noch Diebe einbrechen und sie stehlen können'

Denn wo Dein Schatz ist,
da ist auch Dein Herz.

Matthäus 6, 21

Mama mit ihrem ihrem Baby

Lukas schrieb im 17. Kapitel seines Evangeliums:

Man wird euch nicht sagen:
Siehe hier! oder: da ist es!
Denn sehet,
das Reich Gottes ist inwendig in euch.

***

Das Himmelreich lebt im Innern. Es lebt - in uns allen.

Seine Schätze im Himmel zu sammeln bedeutet, sich nach innen zu wenden und in sich selbst das unendliche Reich zu finden, das uns am Ende aller Tage verheißen ist - und dieses in die Welt zu bringen.

Die Aufforderung Mahatma Gandhis

> *'Willst Du die Welt verändern,*
> *so verändere Dich selbst.*
>
> *Du musst die Veränderung sein,*
> *die Du in der Welt sehen willst.'*

gilt nicht nur für einige Wenige, sondern für uns alle.

Ist das möglich?

Vielleicht sind wir als Menschen zu menschlich, zu unvollkommen, um das höchste Ideal allen Menschseins tatsächlich zu verkörpern, doch wir können uns auf den Weg machen. Auf den Weg zu mehr Menschlichkeit, zu tieferer Gemeinsamkeit und weiterem Mitgefühl *für einander*; und das schließt nicht nur den Menschen, sondern alle lebenden Wesen auf unserer Erde mit ein.

***

Ein Geheimrezept
für ein erfolgreiches Miteinander

Sollte alles nichts nützen, weder Tipps noch Ratschläge, sollten alle noch so gut gemeinten Hinweise und Hilfestellungen ins Leere laufen, dann gibt es ein unfehlbares Geheimrezept, das seine Wirkung schwer verfehlen kann: *Dankbarkeit*.

Wenn die Absicht, zu töten - erinnern Sie sich an das Experiment mit der Pflanze - ein Wesen in Alarmbereitschaft versetzen kann, was mag dann eine wirklich echte, tief empfundene Dankbarkeit dem puren und reinen Dasein eines Wesens gegenüber bewirken? Dankbarkeit darüber, dass es dieses Gegenüber gibt? Dankbarkeit darüber, dass man diese großartige Möglichkeit erhalten hat, die Liebe eines Tieres zu erfahren, seine Liebe mit einem Tier teilen zu können, seine Fürsorge geben und ein auf uns angewiesenes Wesen beschützen zu dürfen? Dankbarkeit, ein Leben geschenkt bekommen zu haben, das es uns ermöglicht, in einem der reichsten Länder unseres Planeten Haustiere zu umsorgen, sie zu pflegen und sich an ihren Fähigkeiten zur Freude erfreuen zu dürfen. Dankbarkeit dafür, mit der Gegenwart der uns begegnenden Wesen beschenkt zu sein - egal, ob wir die Geschenke, die sie für uns bereit halten, immer gleich als solche erkennen können oder nicht.

***

Die Wirkung echter Dankbarkeit wird nicht lange auf sich warten lassen.

***

Die Autorin mit Mishka, dem scheuen, kleinen Rüden, der zeitweise angeblich zu einem Pitbull mutiert

Nichts geschieht umsonst auf dieser Welt. Kein Zustand, kein Symptom, kein Gefühl zeigt sich, ohne eine Botschaft für uns bereit zu halten und uns die Möglichkeit zu schenken, unser Bewusstsein zu erweitern und wachsen zu können.
Sollten Sie also Zweifel überkommen, Ihrem Tier - oder vielleicht gar Ihnen selbst - einem Leben mit einem Tier und der damit einhergehenden Verantwortung gerecht werden zu können, dann danken Sie - dem Leben, der Schöpfung, dem Universum, Gott. Öffnen Sie sich für die Dankbarkeit und danken Sie aus tiefstem Herzen für was auch immer Ihnen einfällt.

Ihnen wird Ihr Weg gewiesen werden und die Türen werden sich öffnen - in Ihrem Innern und damit über kurz oder lang auch in Ihrer Welt.

Nun wünsche ich Ihnen viel Erfolg bei der Eingewöhnung ihres neuen Lieblings. Meine Hoffnung wird Sie begleiten und meine aller tiefsten, tier-liebsten Herzenswünsche mit Ihnen sein - zum größt-möglichen Wohle aller.

Antonia Katharina Tessnow
Altes Jagdhaus
Juli 2019

Der sehnsüchtige Blick eines Babies nach seiner Mama

Ulicinia aus dem Alten Jagdhaus

*Seid niemandem etwas schuldig,
außer, dass ihr euch untereinander liebet.*

aus den Briefen an die Römer 13, 8

Buchtipps:

(1) **Rund um Hunde - Wissenswertes zum Welpenkauf** - Ratschläge und Erfahrungswerte aus der Bolonka Zwetna Hundezucht aus dem Alten Jagdhaus

(1) **Das Seelenleben der Tiere - Liebe, Trauer, Mitgefühl - erstaunliche Einblicke in eine verborgene Welt** von Peter Wohlleben. Sowohl als Paperback sowie als Hörbuch zum download erhältlich.

(2) **Abenteuer Vertrauen: Vollkommen, aber nicht perfekt - Was Menschen von Hunden lernen können** von Maike Maja Nowak

(3) **Hair - Alles über Alternative Haarpflege** von Antonia Katharina Tessnow - Ein Wegweiser durch die Möglichkeiten chemiefreier, alternativer Waschsubstanzen für Haut und Haar. Auch für Tiere geeignet!

Buchtipps von Masaru Emoto:

(4) **Die Botschaft des Wassers: Sensationelle Bilder von gefrorenen Wasserkristallen**

(5) **Liebe und Dankbarkeit: Der universelle Lebenscode. Wasser - lebendiger Botschafter**

(6) **Wasser und die Kraft des Gebetes**

(7) Der Roman als auch die Anhänge sind zusammengefasst in dem Buch **Sternenstaub**

am Horizont - zwischen Selbstwert und Zerstörung

(8) **'Hab keine Angst vor dem Tod - Was die Forschung herausgefunden hat. Der Tod ist nicht das Ende** von Trutz Hardo

(9) **Bolonka Zwetna - von der Empfindsamkeit der Hundeseele und der Liebe, die sie schenkt. Ein Ratgeber mit Herz** von Antonia Katharina Tessnow

(10) **Heilende Hände - Der Weg zum wahren Heiler** von Oswald Wirth (1860 - 1943)

TIPP: Air-Purifier, Luft-Reiniger, Air-Steriliser bei amazon.de, einfach in die Sucht eingeben. Von erfahrenen Züchtern empfohlen wird der von Concise Home

* = Namen geändert

Über die Autorin:

Antonia Katharina, geboren 1975 in Berlin, absolvierte nach Beenden der Schule ihren Highschool-Abschluss in den USA. Nach einem einjährigen USA-Aufenthalt kehrte sie nach Deutschland zurück und arbeitete viele Jahre hauptberuflich als Berufsreiterin. Mit 22 wechselte sie in einen Sportstall nach Schleswig-Holstein, in dem sie sich auf die Dressur spezialisierte und Pferde aller Klassen trainierte und ausbildete. Mit 28 wechselte sie ins Berliner Olympiastadion und arbeitete dort 6 Jahre als Landesverbandstrainerin des modernen Fünfkampfes in der Disziplin Springreiten. Berufsbegleitend studierte sie Heilpraktik, Tierheilpraktik und ganzheitliche Psychologie und besuchte eine dreijährige Fortbildung am Institut für Emotionale Prozessarbeit.

Mitte 30 verließ sie den Reitsport, ging an eine Uniklinik nach Sri Lanka und erwarb dort ihre internationale Heilerlaubnis. Es folgten 3 Jahre, in denen sie zwischen Indien und den USA hin- und herpendelte, psychoenergetische Sitzungen leitete und sich weiterbildete.

Antonia Katharina ist Doctor of holistic Medicine und Psychology, hat sich umfassend mit alternativen Heilweisen befasst, wozu auch der therapeutische Einsatz von Musik gehört. Sie absolvierte eine Ausbildung am Institut für Emotionale Prozessarbeit in Berlin und besuchte Kurse von dem führenden Reinkarnationstherapeuten Trutz Hardo. Im Laufe ihres 3-Jährigen Indienaufenthaltes spezialisierte sie sich auf psychoenergetische und musikalische Heilarbeit, Reinkarnationstherapie und Pflanzenheilkunde.

Seit 2009 lebt sie wieder in Deutschland und widmet sich seitdem nicht nur ihrer künstlerischen, heilpraktischen und schriftstellerischen Arbeit, sondern setzt sich auch intensiv mit dem Thema Hunde auseinander - vorrangig der Rasse Bolonka Zwetna.

Neben dem Schreiben von Büchern und ihrer tierheilpraktischen und -therapeutischen Arbeit, die sie seitdem weiter vertiefte, absolvierte sie eine Zusatzausbildung zur Hundefriseurin und besuchte diverse Weiterbildungen zum Thema Haltung, Zucht und Tierkunde.

Heute lebt Antonia Katharina am Rande eines Dorfes in Mecklenburg-Vorpommern und betreibt die kleine Rassehundezucht der 'Zarenhunde aus dem Alten Jagdhaus'.

Webseite der Autorin:

www.antonia-katharina.de

Webseite der Hundezucht 'aus dem Alten Jagdhaus':

www.bolonka-zucht.de

Webseite der Fotographie:

www.light-in-time.com

Webseite von Tattoo Spirit:

www.tattoo-spirit.com

Eine Bitte zum Wohle von uns allen

Am 26. Juli 2019 las ich das erste Mal gleich mehrere Artikel zum Thema 'Abschaffung von Hunden und Katzen', die im Internet kursierten und relativ aktuell publiziert wurden unter Titeln wie diesem:

Klimawahn jetzt gegen Hunde:
Aktivistin fordert „die Köter abzuschaffen"

Ja - sie haben richtig gelesen: Politiker und Klimaaktivisten fordern seit Kurzem die Abschaffung von Hunden und Katzen als Haustiere. Wegen der Ökobilanz. Und - nein: es ist kein Witz. Doch lesen Sie selbst:

"Durchgeknallt:
Klimawahn jetzt gegen Hunde:
Aktivistin fordert „die Köter abzuschaffen"

Von David Berger

19. Juli 2019

(David Berger) Nach dem Kinderkriegen, das das Klima angeblich zu sehr belastet, sind nun die Haustiere dran, besonders natürlich die Hunde: „Lasst uns die Köter abschaffen!", fordert Katharina Schwirkus, Redakteurin der linken Zeitung „Neues Deutschland".
Dass unter dem Motto „Klimarettung" so ziemlich alles, was bisher unser Leben wertvoll machte – vom Fleischessen über den Stromverbrauch und das Kinderkriegen bis zum unkomplizierten In-die-Sonne-Fliegen – in Zukunft von den Linksgrünen als unmoralisch gebrandmarkt wurde, um es so langsam zu verbieten, ist bekannt.

Langfristiges Verbot der Hundezucht

Ein Bereich, der bisher vom Klimawahn verschont blieb, waren die Haustiere. Das holt Katharina Schwirkus in einem Artikel für das „Neue Deutschland" nach: Sie fordert die Leser dazu auf, sich dem Klima zuliebe weder einen Hund, noch Katze anschaffen. Tierfutter (aus Fleisch!) soll mit besonders hohen Ökosteuern belastet werden. Langfristig „sollte die Züchtung der Vierbeiner eingestellt werden":
„Neben ihren ekelhaften Ausscheidungen sind die Haustiere auch schlecht für das Klima. Denn sie fressen Fleisch und tragen damit zum Ausstoß von Kohlenstoffdioxid bei. Die Ökobilanz eines Hundes entspricht einer jährlichen Autofahrleistung von 3700 Kilometern, die einer Katze 1400 jährlichen Fahrkilometern."

Kinder sollen lernen, dass Hundebesitzer uns schaden

Auch die Verpackung für Tierfutter und die Hundekotbeutel aus Kunststoff würden das Klima unnötig belasten.
Haustierunfreundlichkeit sollte bereits den Kleinsten beigebracht werden: „Unabhängig davon, ob man es schafft, Katzen und Köter aus Großstädten zu verbannen, muss das romantische Bild von Haustieren endlich dekonstruiert werden. Kindern sollte schon in jungen Jahren klar gemacht werden, dass es absolut egoistisch ist, in einer Stadt einen Hund oder eine Katze zu halten. Das Thema könnte von den »Fridays For Future«-Aktivist*innen aufgenommen werden. Zehn- bis 18-jährige Schüler*innen, die eine Anhebung der Hundesteuer fordern, würden damit zeigen, wie ernst es ihnen mit dem Umweltschutz ist."

AfD-Wähler und Hunde: „Wir müssen draußen bleiben!"

Auch eine gesamtgesellschaftliche Ächtung von Hundebesitzern sollte sich durchsetzen: Nicht nur AfD-Mitglieder, auch Hunde soll in Zukunft der Zutritt zu Restaurants etc. grundsätzlich verweigert werden.
Ironische Szenario, das sich über den Ökowahn lustig machen will? Ernsthafter Vorschlag? In den Zeiten der Relotius-Journalistik verschwimmen die Grenzen zwischen seriösem Kommentar und Satire immer mehr. Vor wenigen Jahren hätte man so etwas jedenfalls noch für eine Satire gehalten, inzwischen ist es in dem Irrenhaus, das wir uns eingerichtet haben, bitterer Ernst.

Und es bleibt abzuwarten, wann die Ökodiktatoren die ersten Gesetzentwürfe dazu einbringen."

veröffentlicht auf der Plattform philosophia-perennis.de

***

Weitere Artikel zu diesem Thema finden Sie unter anderem auf spiegel.de, tagesschau.de und weiteren Plattformen, die zu diesem Thema über die Suchmaschinen gelistet sind.
Im gleichen Atmenzug posteten User folgenden Artikel von der Plattform spiegel.de, der zwar schon länger im Netz ist, jedoch den selben Schluss zieht:

***

"Achilles' VerseHunde raus!

Wer in der Großstadt wohnt, darf getrost eine Viertelstunde Kotpuffer in seinem Terminkalender vermerken, moniert Wunderläufer Achim Achilles. Hunde mögen treue Begleiter sein - für die Stadt sind sie nicht geschaffen.

DPA

Spaziergang mit Hund:
Die Stadt ist nicht immer die beste Umgebung für Hunde

Mittwoch, 08.10.2014 09:08 Uhr

Pflatsch. Jeden Sonntagmorgen das gleiche warme, weiche Gefühl um den Fuß. Leider bin ich spät dran. Leider bin ich im Wald verabredet. Leider brauche ich das Auto. Leider klebt ein Pfund frischer Hundehaufen im komplexen Profil meines Laufschuhs. Leider wird die organische Klebe im Autoteppich haften bleiben oder sich in die Rillen des Bremspedals massieren. Leider muss ich deswegen den Schuh ausziehen und einbeinig in den zweiten Stock hüpfen, um entweder in der Badewanne den frischen Mist abzukärchern oder andere Schuhe anziehen, was bedeutet, dass ich in zwei Stunden den getrockneten Dreck umso schwerer aus der Sohle bekomme.

Ja, wir alle wissen: Hund ist gesund, gibt Wärme, Nähe und ignoriert geduldig die vielen widersprüchlichen Kommandos, die Frauchen in vielen Stunden Hundeschule aufgeschnappt hat und nun nach dem Zufallsprinzip durch die einsame Straßenschlucht bellt. Ein Hund ist treuer und sanfter als die meisten Ehepartner und redet auch nicht so viel - unbestrittene Pluspunkte.

Sicher helfen Therapiehunde bei der Krisenintervention und im Alltag jenen Zeitgenossen, die gern Kommandos geben und Gehorsam erwarten. Wladimir Putin hat einen Hund, Barak Obama, aber leider auch viel zu viele Berliner. Wäre es für alle nicht ein Experiment wert, das Zusammenleben mit echten Menschen zu versuchen anstatt mit einem vierbeinigen Dummerchen, das weder den Kühlschrank öffnen noch ein WC benutzen kann?

Die Hunde können nichts dafür

Wer in der Großstadt wohnt, Berlin zumal, darf getrost eine Viertelstunde Kotpuffer in seinem Terminkalender vermerken. Gerade unser Hauseingang mit der retrieverhohen Sichtschutzhecke bietet ein ideales Hundeklo. Auch das Tier macht ja lieber in der stille Ecke als aufm Platz. Der Hintermänner wird man allerdings kaum habhaft, weil sie sich im frühen Morgennebel heranschleichen. Sie sind der bösen Blicke satt von Menschen ohne Hundehintergrund, die froh sind, dass sich dieser bitter-muffige Geruch verwester Innereien endlich aus den Atemwegen verzogen hat.

Profis tarnen sich mit einer kleinen grünen Tüte, offensiv an die Leine geknotet. Leider schon seit zwei Jahren. Der Beutel soll dem Laien signalisieren, dass der Leinenhalter die Haufen natürlich aufsammelt. Aber die Tüte ist nur für inflagranti-Situationen gedacht, die selten sind in der Dämmerung. So bleibt die Tüte sauber. Unser Hauseingang leider nicht.

Nein, ich bin kein Tierfeind. Aber man muss kein Evolutionsbiologe sein, um zu ahnen, dass die Gene des Hundes seit einigen tausend Jahren für frische Luft, Wald und Wiesen ausgelegt sind. Asphalt, überheizte Zweirauwohnungen und Supermarktregale voller Konservendosen hatte der Schöpfer nicht voraussehen können, als er dem Menschen ein Tier schenkte, das dumm genug war, fortan ziemlich bester Freund sein zu wollen. Die Katze, wenn es sich nicht gerade um Garfield handelt, ist dagegen ihrer kratzbürstigen Natur treu geblieben; sie streunt bis heute leinenlos umher, kratzt gern mal und jagt ihr Futter selbst.

Ein Hund ist in der Stadt so segensreich wie ein SUV: zu groß, zu laut, zu teuer."

Auch wenn dieser Artikel sehr verallgemeinert ist und es eine haltlose Unterstellung ist, 'wir' Hundebesitzer würden uns einfach nur mit Kotbeuteln 'tarnen', so möchte ich an dieser Stelle und vor diesem Hintergrund trotzdem noch einmal unsere Verantwortung als Hundebesitzer hervorheben, die wir nicht nur unseren Tieren, sondern auch unseren Mitmenschen gegenüber haben. Vor allem im Bezuge auf die Sauberkeit unserer Straßen, der Gehsteige und Fußgängerzonen, ja - im Bezuge auf alle öffentlich, den Menschen zugänglichen Orten.

Die Hinterlassenschaften unserer Tiere bieten oftmals Anlass zu großem Ärger, vor allem, wenn diese unter dem Schuh oder sogar an der Kleidung wiederzufinden sind, stinken, Ekel erregen und in manch einem Fall viel Aufwand bedeuten: Da müssen die Schuhe vor dem wichtigen Termin gewechselt werden, oder in mühseliger, aufwendiger Manier die Sohlen unter irgendeinem Wasserhahn gereinigt werden, eventuell die Kleidung abgewaschen oder wenn möglich ebenfalls gewechselt werden. Sogar ich habe das erlebt, auch wenn es lange her ist.

Solche Situationen wie die in dem Artikel beschriebenen schüren natürlich Hass - der am Ende nicht selten unsere Tiere trifft.

Ist das den Betroffenen zu verdenken? Natürlich nicht! Denn der gesunde Menschenverstand sagt in stillen Momenten, die Tiere können ja gar nichts dafür; lediglich ihre Halter sind zur Verantwortung zu ziehen! Doch wie klar ist der Verstand, übernimmt einmal die Wut, nachdem ein Schaden entstand, der mit Fäkalien und Gestank zu tun hat?

Am Ende stehen dann Politiker und Klimaaktivisten, denen sich schnell und gern jeder Hundegegner anschließt, um diesem unleidlichen Problem auf diese Weise ein Ende zu setzen. Denn Hundedreck auf den Straßen geht gar nicht!

Diese Menschen haben in so fern Recht, als dass es einfach

'gar nicht geht', Hundedreck auf öffentlich begehbaren Arealen zu hinterlassen.

Darum meine dringende Bitte an Sie: Zu unser aller Wohl, dem Wohl der Hunde, der Halter und all unserer Mitmenschen - ob Hundeliebhaber oder nicht -

Beseitigen Sie auf allen öffentlich zugänglichen Arealen die Hinterlassenschaften Ihres Hundes! ***Und zwar in die entsprechenden Behälter für Müll!***

Sollten Sie im Wald oder in freier Natur spazieren gehen, dann lassen Sie lieber alles liegen, als dass Sie es in Plastik verpacken und in der Natur entsorgen!

Eine Alternative zu Plasik-Beuteln: Küchentücher

Es gibt Küchentücher, mit denen man hervorragend auch Feuchtes aufwischen kann, ohne sich selbst zu beschmutzen. Ein paar habe ich immer zusammengefaltet auf Vorrat in meiner Tasche. Gerade bei kleinen Hunderassen reichen diese vollkommen aus, um auch in der Öffentlichkeit für Sauberkeit zu sorgen und dabei lediglich abbaubaren Müll und nicht einmal Plasik-Müll zu produzieren.

Tragen sie nicht dazu bei, dass Menschen wie solche Politiker - und sie werden erste Gesetzesentwürfe einreichen, seien sie sich sicher - eine Grundlage haben, auf der sie argumentieren können und für die sie auch noch Anhänger finden; nämlich all die verärgerten und geschädigten Menschen, deren Abneigung schwer zu revidieren ist, wenn sie einmal wirklich schlechte Erfahrungen mit Hunden diesbezüglich gemacht haben.

Weiterführende Bücher von Antonia Katharina Tessnow

Augen auf beim Welpen- und Hundekauf

Wissenswerte Tipps aus der
Bolonka Zwetna Hundezucht
aus dem Alten Jagdhaus

'Hätte ich es doch vorher besser gewusst' wird niemand mehr sagen können, der diesen kurzweiligen Ratgeber kennt. Er bietet Informationen zu den wichtigsten Themen, allen voran hilfreiche Fragen zu den Voraussetzungen, überhaupt einen Hund zu sich nehmen zu können, worauf beim Welpen- und Hundekauf zu achten ist sowie der Entscheidung zwischen Züchter oder Tierheim.

Weiterführend zu Themen wie Gesundheit, Krankheiten und entsprechenden Tests, Impfungen und möglichen Alternativen. Tipps zur Erstausstattung, zur Fellpflege, dem Zahnwechsel, Hundeschule - ja oder nein? Der Wichtigkeit von Papieren und der Zusammensetzung des Preises. Möge diese bündige Zusammenfassung wichtiger Erfahrungswerte Ihnen helfen, das Richtige zu tun.

***

'Wieder ein sinnvoller und inhaltsreicher Ratgeber der Autorin Antonia Katharina Tessnow. Jetzt wissen Sie alles - wirklich alles! - über Hunde.'

Günter Prinz, Publizist

'Wer überlegt, sich einen Hund zu kaufen, kommt an diesem Ratgeber nicht vorbei.'

Marc Betshire, Hundetrainer, Ausbilder und Coach

Kommunikation mit Tieren

ein Essay

Tierkommunikation ist keine Kunst, die nur wenigen Auserwählten vorbehalten ist, sondern eine Fähigkeit, die in jedem von uns schlummert und uns allen innewohnt. Es ist nichts, was man lernen muss, sondern es ist etwas, woran man sich erinnern kann, wenn man dafür bereit ist. Dieses kleine Büchlein beschreibt in kurzen, aufeinander aufbauenden Abschnitten die Kommunikation mit Tieren. Es soll dabei helfen, sich an seine ursprünglichen Fähigkeiten zu erinnern und sie wieder nutzbar zu machen; es soll ein Wegweiser sein und zeigen, dass jede Begegnung eine Aufgabe für uns bereit hält, für die es immer eine Lösung gibt und an der wir wachsen können. Alles hat einen Sinn und es lohnt sich, darauf zu vertrauen. Selbst wenn wir ihn manchmal nicht gleich verstehen.

Textauszug: 'Jede Kommunikation ist individuell. Jede Verbindung, jedes Karma einmalig. Manchmal sind die Tiere überhaupt erst dafür da, um dem Menschen die gefühlte, intuitive Wahrnehmung und Kommunikation zu erschließen. Es ist ein Gewinn für alle, wenn der Mensch beginnt, eine Verbindung zu seinem Tier und damit zu sich selbst herzustellen, sich seinen Themen und deren Botschaften zu öffnen und von ihnen zu lernen. Wenn du dazu bereit bist, das Tier in seiner Ganzheit zu erkennen und als gleich-wertig zu schätzen, wenn du dich auf dein Ganz-Sein einlässt und dem Tier genauso erlaubst, es selbst zu sein, wie es das Tier dir erlaubt, dann entsteht wahre Verbundenheit. Wenn du über die weit verbreiteten Trainingsmethoden der Dominanz und der autoritären Kontrolle hinauswächst und dich dem tieferen Sinn einer Begegnung zuwendest, wenn du versuchst zu erkennen, was dein Gegenüber dir beibringen will, dann beginnt die Kommunikation mit deinem Tier.

Bolonka Zwetna

Von der Empfindsamkeit der Hundeseele und der Liebe, die sie schenkt

Dieser kleine Ratgeber soll nicht nur zum allgemeinen Verständnis der Beziehungen von Hunden zu uns Menschen beitragen, sondern vor allem den Menschen in seiner Seele berühren. Neben kurzen Überblicken über Rassestandard, Ernährung, Fellpflege und Haltung führt die Autorin den Leser in die facettenreiche Welt der Hundeseele, die voll tiefer Empfindsamkeit ist und niemanden unberührt lässt, der die Fähigkeit besitzt, zu fühlen.

Antonia Katharinas Liebe gilt seit jeher den Tieren. Viele Jahre war sie hauptberuflich in der Reiterei tätig bevor sie Heilpraktik, ganzheitliche Psychologie und Tierheilpraktik studierte. Seitdem widmet sie ihr Leben den Kleinhunderassen im Allgemeinen und dem Bolonka Zwetna im Speziellen. Neben ihrer schriftstellerischen, musischen und tierheilpraktischen Arbeit hat sie sich auf die Auftragsmalerei von Tierfotos spezialisiert und betreut ihre kleine Rassehundezucht der 'Zarenhunde aus dem Alten Jagdhaus'.

Die Botschaft der Tiere

Der Weg zurück zu uns selbst

Ein Wegweiser durch unsere Zeit

Es ist ganz und gar möglich, den Weg nach Hause zu finden. Wir brauchen nicht zu warten, bis wir diese Welt verlassen und zurück in unsere Seelenheimat gehen, um in den ewigen Gefilden Frieden und Liebe zu erleben. Wir können uns unser Zuhause, das Paradies, auch hier auf der Erde, auf diesem Planeten erschaffen. Es ist tatsächlich möglich, uns in ein neues, anderes Bewusstsein hineinzuentwickeln, von dem nicht nur die heiligen Schriften und die Erleuchteten im Laufe unserer Erdgeschichte berichtet haben, sondern von dem uns auch die Tiere erzählen, indem sie es uns Tag für Tag vorleben.

Wir Menschen können noch umkehren. Wir müssen diese Welt nicht zerstören. Es muss nicht alles so weitergehen wie bisher. Es ist möglich, den Weg zurück ins Paradies zu finden, doch können ihn uns nur diejenigen weisen, die ihn kennen.

Wenn wir den Tieren erlauben, uns den Weg zu weisen, werden wir ihn finden. Wenn wir ihre Botschaft ernstnehmen, sie verinnerlichen und versuchen, sie zu entschlüsseln, werden wir sie verstehen. Die Tiere haben das Paradies nie verlassen. Wer, wenn nicht sie, könnten uns diesen Weg weisen?

Bolonka Zwetna Kalender

Terminplaner

Jedes Jahr aktuell!

Jeder Mensch, der sich Hunden verbunden fühlt, spürt in sich meist auch eine tiefe Verbindung zur Natur, denn die Vierbeiner tragen einen großen Teil dazu bei, dass wir Hundemenschen uns viel draußen aufhalten, dem Wind und Wetter trotzen und auch unter widrigsten Umständen das Haus verlassen.

Dieser Kalender soll dazu beitragen, dass sich das wunderbare Gefühl der Naturverbundenheit noch weiter vertieft. Aus diesem Grunde wird hier nicht nur auf die neuchristlichen, sondern auch auf die alten, keltischen Feiertage zurückgegriffen und damit auf uraltes Wissen, das aus einer Zeit hervorging, in der sich die Menschen noch als ein Teil der Natur wahrnahmen.

Des Weiteren sind die Mondstände in den einzelnen Zeichen angegeben, die Sonnenzeichen, d.h. die Sternzeichen, vermerkt und 12 kleine Themen umrissen. Es ist jeweils der genaue Tag des Übertritts der Sonne in das neue Zeichen angegeben, wie er in den Sternzeitberechnungen angegeben ist und der von Jahr zu Jahr ein klein wenig variieren kann.

Möge dieser Kalender jedem Hundebegeisterten ein paar neue Einblicke geben, sowohl in den praktischen Umgang mit dem Hund, als auch in die Seele dieser wundervollen Wesen, die ein jedes Leben um ein vielfaches bereichern.

Weitere Bücher von Antonia Katharina Tessnow

Celtic Spirit

*Eine Reise in die Tiefen
zeitloser keltischer Weisheit*

In den Kulturen aller Zeiten findet man Spuren von der ursprünglichen Verbundenheit zwischen Mensch, Welt und Universum. Nicht nur bei den Kelten, sondern überall schien der Geist des Einklanges in der einen oder anderen Weise wirksam zu sein. Das *Einssein mit Allem*, woraus auch der Keltische Spirit hervorging, schien in uriger Zeit auf der ganzen Welt präsent und Grundlage jeder Form der Wahrnehmung.

Möge 'The Celtic Spirit' eine Idee davon geben, wie man über das Erfühlen der Bäume eine Verbindung zum Leben herstellt, wie sich die einzelnen Bäume anfühlen, warum sie bestimmten Zeitabschnitten im Jahr zugeordnet wurden und was sie mit diesen unterschiedlichen Zeitqualitäten gemein haben.

Und möge dieses Büchlein Inspiration für all diejenigen sein, die sich nicht nur ein ganzheitlicheres Verständnis mit der Natur wünschen, sondern sich auch nach einer tieferen Verbundenheit mit dem Leben sehnen.

Madras

Zauber der Palmblätter

Die Palmblattbibliotheken: Tausende Jahre alt und bis heute ein ungelöstes Rätsel. Das Geheimnis dieses Ortes ist das Thema dieses Buches. Die Geschichte dreht sich um eines der größten Rätsel der Menschheit.
Eine Reise führte mich dort hin. Ich habe meine kleine Heimatstadt verlassen um der Sagenumwobenen Legende auf den Grund zu gehen, die besagt, dass dort alle Lebensgeschichten aller Menschen niedergeschrieben sind; allerdings nur von denjenigen, die sich aufmachen, um danach zu suchen.
Eben das habe ich getan. Und dies ist es, was ich gefunden habe.

Dieses Buch liegt in deutscher und englischer Fassung vor.

Menschen, die dieses Buch gelesen haben:

"Ein interessantes Buch. Wer will, findet die Antwort auf die Frage: Wie viele Leben hat ein Mensch?"
Günther Prinz, Publizist, ehemaliger Chefredakteur der 'Bild', Deutschland

"Da steht also mein ganzes Leben auf einem Palmenblatt in Madras. Dieses Buch hat mein Verständnis von Raum und Zeit grundlegend verändert."
Fritz Bloomberg, Ex-Vizepräsident Burda Media, New York

"Ein außergewöhnliches Lesevergnügen, das meine Sicht auf die Welt verändert hat."
Gregor Tessnow, Schriftsteller und Drehbuchautor

Sternenstaub am Horizont

oder

Breakable - Zerbrechlich

der Fall

zwischen Selbstwert und Vernichtung

'Es gibt Geschichten im Leben, die hätte man lieber nicht erlebt.' Diese Aussage trifft auf viele Ereignisse zu. Doch meist ist diese Aussage nur auf den ersten Blick wahr; schaut man tiefer und geht der Frage nach: *Was hat mir dieses Ereignis zu sagen?*, oder: *Was hat mich dieses Ereignis zu lehren?,* wird oft der tiefere Sinn einer Erfahrung offenbar.

Nicht nur die Geschichte, die in dem Roman **Breakable - Zerbrechlich** verarbeitet ist, war eine dieser Erfahrungen, sondern auch all das, was um den Roman herum geschah. Vordergründig ein Thriller, hintergründig eine wertvolle Lektion über Selbstwert und Zerstörung.

Was geschieht, wenn der Selbstwert fehlt? Welche Auswirkungen hat das Fehlen von rechtzeitig gesetzten Grenzen? Und wohin kann einen der Weg führen, wenn man entscheidende Lebensthemen hat lösen können?

Durch den Roman veranschaulicht die Autorin nicht nur diese Problematiken, sondern bietet im zweiten Teil eine psychoanalytische Draufsicht, Aussichten für Betroffene sowie Lösungsansätze. Ein unumgängliches Buch für jeden, der schon einmal an seinem Selbstwert zweifelte und hofft, einen soliden Weg zur eigenen, inneren Wertschätzung zu finden.

Weiß Du,
was Du mit Dir trägst?

*Eine Entscheidungshilfe
für Tattoo und Motiv*

Was für Wirkungen auf Dich und welche Auswirkungen auf Dein Leben kann eine Tätowierung haben? Wie weitreichend können Veränderungen, wie tief Seelenschmerzen sein, die eine unbedachte Tätowierung möglicherweise mit sich bringt? Wie wichtig sind die Auswahl des Motivs und des Tätowierers?

Antonia Katharina Tessnow ging durch die dunkle Erfahrung einer vorschnellen Entscheidung und obendrein eines schlecht gestochenen Tattoos. Fast zwei Jahre ihres Lebens kostete sie die Wiederherstellung ihres Armes, für den sie sich täglich schämte. Ihre Leidensgeschichte beschrieb sie in dem ersten Teil des Buches 'Tattoo - Laser - Cover Up - Wenn der Traum zum Albtraum wird'. Für alle, die hoffentlich nicht vor dem Lasern und Covern stehen, sondern vor der einmaligen Entscheidung zu einer neuen Tätowierung, veröffentlicht sie nun den erweiterten und überarbeiteten zweiten Teil und bietet damit allen Tattoo-Freudigen einen Ratgeber und eine Entscheidungshilfe.

‚Frage Dich, was Du mit Dir tragen willst, bevor Du Dir mit einer falschen Entscheidung eine Bürde auflastest, die Du zu tragen nicht vermagst.'

HAIR

Alles über alternative Haarpflege

HAIR - Alles über alternative Haarpflege, ist ein heilpraktisches Sachbuch. Es gibt in den einleitenden Kapiteln einen Überblick über die Inhaltsstoffe in herkömmlichen Shampoos und Duschgels und wie schädlich synthetisch hergestellte Chemikalien in der täglichen Anwendung auf Haut und Haaren sind. Des weiteren wird auf die Langzeitschäden eingegangen, die sich durch den dauerhaften und wiederholten Kontakt mit diesen Chemikalien ergeben können.

Der Hauptteil des Buches zeigt Alternativen zu herkömmlichen Produkten auf, die leicht umzusetzen und anzuwenden sind. Es wird auf komplizierte Anwendungstechniken verzichtet und ganz gezielt die Einfachheit der Methoden betont und in den jeweiligen Anwendungsbeschreibungen dargelegt. Alle alternativen Methoden zur Haut- und Haarreinigung sind von mir persönlich im Selbstversuch getestet, für jeden Interessierten leicht nachvollziehbar und die entsprechenden reinigenden Substanzen leicht erhältlich.
Im letzten Teil des Buches wird auf die Lebensweise, die Ernährung, Öle, Haarbürsten und Tipps und Tricks eingegangen, die langfristig und nachhaltig für gesunde und volle Haare sowie für gesunde, vitale und frische Haut sorgen.

Ziel dieses Buches ist es, das Bewusstsein für den Umgang mit unserem Körper, unserer Umwelt und damit unserer Gesundheit zu schärfen.

Stille Nacht, Heilige Nacht

Erinnerungen an einen Heiligen Abend
in den letzten Tagen des zweiten Weltkriegs

eine Kurzgeschichte

Diese Geschichte
liegt in deutscher und Englischer Fassung vor.

Über das Buch:

1943. Es ist Weihnachten. Schon damals schrieben Kinder Tagebücher, um die unfassbaren Erlebnisse, die in Worten kaum wiederzugeben sind, festzuhalten. Die ältere Schwester von Antonia Katharinas Mutter ist neun Jahre alt, als sie durch ihre kindlichen Augen die Ereignisse einer Nacht beschreibt, die tiefe Eindrücke hinterlassen und niemanden unberührt lassen. Eine wunderbare Erinnerung daran, in was für friedlichen Zeiten wir heute leben dürfen.

Über die Autorin:

Antonia Katharina Tessnow ist die Tochter einer ehemals ostpreußischen Familie, die nach dem ersten Weltkrieg nach Deutschland kam. Ihre Großeltern ließen sich in Berlin nieder, mussten jedoch aus der Stadt fliehen, nachdem ihr Wohnhaus im letzten Jahr des zweiten Weltkrieges zerbombt und komplett zerstört wurde. Viele Jahre später kehrten sie nach Berlin zurück. Obwohl Antonia Katharina dort geboren ist, fühlte sie sich in dieser Stadt jedoch nie heimisch. Heute lebt sie auf dem Lande am Rande der Mecklenburgischen Schweiz.

Winston

Eine Pferdebuch-Trilogie für Jugendliche

Da Antonia Katharina selbst viele Jahre als Berufsreiterin tätig war, greift sie hier auf einen langjährigen Erfahrungsschatz zurück und veranschaulicht die Welt der Pferde für jeden Leser so realistisch und wirklichkeitsnah, dass man meint, selbst am Geschehen Teil zu nehmen. Ein Pferdeleben, wie es authentischer nicht beschrieben werden kann.

Winston Band I

Ein Fohlen erblickt die Welt

'Da steht er nun. Seine Beine sind viel zu lang für seinen kleinen Körper. Er versucht sich mühsam in der Koordination seiner Bewegungen, die anfangs nur bedingt gelingen. Das Fohlen macht seine ersten Gehversuche und stakst dabei durch das Stroh wie ein Storch durch den Salat. Es ist wackelig auf den Beinen. Das Neugeborene drückt seinen Körper fest an den seiner Mutter, um stehen zu bleiben und nicht umzukippen. Die Stute bleibt regungslos stehen und wartet, schaut ihr Fohlen an und wagt nicht, sich zu bewegen, sondern bietet mit ihrem großen, ausgewachsenen Körper dem Kleinen Stütze und Orientierung.'

Winston Band II

Die große Show

'Ich wünsche mir aus tiefstem Herzen, dass der Ort, an dem ich bin und alles andere mein Leben lang so bleiben wird wie in diesem Sommer. Das alte Gestüt, in all seiner Stille, entwickelte sich zum unvergesslichen Ort meiner Sehnsucht. Hier will ich sein. Hier gehöre ich her. Und in meinen stillen Augenblicken gibt es nichts, was mir fehlt.

Zwar weiß ich, dass es für die Menschen hier darum geht, Geld zu verdienen, Erfolg zu haben, die Pferde ordentlich auszubilden und teuer zu verkaufen. Doch für mich geht es um den Geruch von frischem Stroh, wenn ich morgens in den Stall komme; um das Glück, das mich durchströmt, wenn ich meine Fohlen auf die Weide lasse; um die Sehnsucht in Winstons Augen, um die warme Sommerluft an lauen Abenden und den unendlichen Frieden, der über den Weiden liegt.

So gingen die Tage ins Land. Alles verlief ruhig. Bis zu jenem Tag, als etwas geschah, was diese Stille durchbrach.'

Winston Band III

Nichts ist unmöglich

'Mein Winston. Niemals hätte ich gedacht, dass man so eine tiefe und innige Beziehung zu einem Pferd haben kann. Dass man sich mit einem Tier so gut verstehen, so klar die Gefühle und Gedanken des anderen erfassen kann; und das alles ohne Worte. Ja, dass man ein Zusammengehörigkeitsgefühl entwickeln kann und eine Nähe, wie das bei uns der Fall ist und das manche Menschen mit allen Worten der Welt niemals herzustellen in der Lage sein werden.'

Breakable - Zerbrechlich

Der Skandalroman aus Mecklenburg

Dieser Psychokrimi hat in der Region, in der es erschien, für so viel Wirbel gesorgt, dass sogar die Presse in die Geschichte eingestiegen ist. Anfeindungen, Intrigen und Klagen finden nicht nur im, sondern fanden auch um das Buch herum statt. Näheres ist einzulesen auf dem Blog

breakablezerbrechlich.wordpress.com

Klappentext:

Eine Frau aus der Stadt. Ein kleines Dorf. Eine alte Köhlerkate, traumhafte Umgebung und idyllische Umgebung. Nicolas Leben könnte nicht friedlicher sein. Eines Tages begegnet sie einem Bauern aus der Nachbarschaft. Es ist Liebe auf den ersten Blick. Als diese von dem Mann mit der unverwechselbaren Stimme auch noch erwidert wird, scheint ihre Welt perfekt.
Doch Nicolas Glück ist nur von kurzer Dauer. Trug und Lüge lauern hinter jeder Ecke. Gerade als sie beginnt, das Ausmaß des Bösen zu entdecken, tun sich Abgründe auf, in die sie niemals hätte schauen dürfen.

Nach einer wahren Begebenheit.

'In ihrem spannenden Roman voller überraschender Volten und psychologischer Abgründe begegnet der Leser Figuren, die er seit Langem zu kennen glaubt.'

Henrik Leschonski, Lektor

Nichts geschieht umsonst auf dieser Welt

der Fall
Breakable - Zerbrechlich
die Anhänge

Zwar gilt schon der Roman *Breakable - Zerbrechlich* als psychologisches Lehrstück, doch erst die Anhänge machen die ganze Bedeutungstiefe der Geschichte erfahrbar. Wie wichtig Selbstwert für das eigene Leben ist wird kaum irgendwo deutlicher als im Buch Breakable. Wie wichtig die Liebe zum eigenen Leben und zu sich selbst ist, kaum irgendwo nachvollziehbarer als in diesem Buch.

Antonia Katharina Tessnow gibt mit den Anhängen nicht nur Einblicke in die Hintergründe, sondern offenbart auch die psycho-logischen Zusammenhänge zwischen fehlendem Selbstwert und der daraus resultierenden Zerstörung des eigenen Lebens. Warum erlauben wir anderen das permanente überschreiten unserer Grenzen? Und warum ist es lebens-wichtig, unsere Grenzen zu wahren, den eigenen Wert zu erkennen und unser Potential zu entfalten?

Nichts geschieht umsonst auf dieser Welt eröffnet ganz neue Perspektiven, zeichnet Lösungswege und gibt Hoffnung. *'Liebe deinen Nächsten **wie dich selbst'*** bleibt somit kein leerer Satz, sondern wird zur gelebten Realität, sobald Deine Liebe nicht mehr nur die anderen, sondern auch Dich selbst meint.

Kelten Kalender

Terminplaner
mit Baumkreis und Mondstand

jedes Jahr neu!

Das Keltentum ist seit jeher Quelle geistiger und seelischer Inspiration. Jeder, der sich zu der Geschichte, den Philosophien und der Lebensweise unserer Urahnen hingezogen fühlt, spürt in sich meist auch eine tiefe Verbundenheit mit der Natur. Immer mehr Menschen spüren eine große Sehnsucht nach eben dieser Verbundenheit, die über die Jahrhunderte hinweg, durch Überlagerung moderner Glaubenssätze, verloren ging.

Dieser Kalender soll dazu beitragen, dass das wunderbare Gefühl der Naturverbundenheit wieder zum Leben erwacht und sich weiter vertieft. Aus diesem Grund wird hier auf die alten keltischen Feiertage und den keltischen Baumkreis zurückgegriffen und damit auf uraltes Wissen, das aus einer Zeit hervorging, in der sich die Menschen noch als einen Teil der Natur wahrnahmen. Möge dieser Kalender ein wenig von dem alten, geheimnisvollen Wissen unserer Urahnen wachrufen und in unsere Erinnerung zurückholen; und wir damit in der Lage sein, das ursprüngliche Wissen unserer Vorväter, der Kelten, anzuzapfen.

Tattoo – Laser – Cover Up

Wenn der Traum zum Albtraum wird

Sowohl das Tätowieren als auch das Lasern ist nicht nur ein Eingriff in deinen Körper, sondern auch in deine Persönlichkeit und dem daran gekoppelten Gefühl, dir selbst gegenüber. Tätowieren verändert einen Menschen; mitunter hat diese Veränderung weitreichende Folgen und hinterlässt tiefe Spuren in deiner Seele. Festzustellen, dass dir das langersehnte Tattoo nicht gefällt oder gar misslungen ist, ist zudem eine schmerzliche Erfahrung, für die es wenig Helfende und Mitfühlende gibt.

Dieses Büchlein soll nicht nur eine Hilfestellung für Betroffene sein, sondern auch die Gedanken derer anregen, die mit der Idee spielen, sich unter die Nadel zu legen. Nicht nur meine eigenen Erfahrungen rund um das Thema Tattoo – Laser – Cover Up sind hier offengelegt, sondern es wurde auch ein Blick in all die Seelenschmerzen und inneren Qualen gewährt, die mit solchen Erfahrungen verbunden sind.

Jede Krise enthält eine Chance, weswegen die Chinesen dafür ein und dasselbe Wort verwenden. Die Chancen dieser Krise sind die daraus entsprungenen, weiterführenden und sehr hilfreichen Gedanken sowie all die wichtigen Überlegungen zum Tätowieren allgemein, die dir hoffentlich helfen mögen und die du unbedingt anstellen solltest, *bevor* du eine Entscheidung triffst, die dich in jedem Fall für dein Leben zeichnen wird.

Bildkalender

*Jeder Kalender ist jeweils als Tischkalender
und in den Größen
DIN A4, DIN A3 und DIN A2 erhältlich*

Bolonka Zwetna Wandkalender

Die kleinen Bolonka Zwetna, auch Zarenhunde genannt, erfreuen sich immer größerer Beliebtheit. Nun gibt es neben Büchern, kleinen Ratgebern und Terminplanern endlich auch einen Bildkalender, auf den schon so viele Bolonka-Fans gewartet haben.

Bolonka Zwetna Baby-Kalender

Neben den beiden Bolonka Zwetna Bildkalendern und den informativen und liebevoll gestalteten Terminplanern, vervollständigt Antonia Katharina Tessnow ihr Repertoire nun mit einem Bolonka Babykalender. Der Kalender ist ebenso liebevoll, bezaubernd und anrührend gestaltet, wie ihre vorhergehenden Publikationen, womit sie ganz ihrem Stil treu bleibt.

Impressionen aus Indien

Seit je her Faszination, Anziehung und Mystik in der reinsten Form. Ob die Schönheit der Landschaft, die geheimnisvollen Zeichen an historischen Bauwerken oder die uralte, herausragende Architektur des Landes - ein paar Blicke lohnen sich; die Eindrücke, die sie im Herzen hinterlassen, bleiben. Für immer.

Momente der Vergänglichkeit

Manche Momente möchte man gern festhalten, einige Augenblicke nie loslassen und für immer in unser Gedächtnis einbrennen. Dieser Kalender ist eine Sammlung wundervoller, feuriger und mystischer Momente, wie sie das Jahr uns schenkt.

Teltow, Abseits der Straßen

Teltow ist nicht nur ein Ort von Kunst und Kultur, moderner Innovationen und außergewöhnlichen Veranstaltungen; Teltow ist mehr! Dort, wo der Lärm aufhört und die Stille einkehrt, tun sich malerische Landschaften auf, die - je nach Tageszeit - in stimmungsvolles Licht getaucht, den Betrachter jedes Mal aufs Neue in seinen Bann ziehen.

Natur-Paradies Mecklenburgische Schweiz

Die Nostalgie der vorpommernschen Landstriche, die immer ein wenig Sehnsucht weckt, spiegelt sich ganz besonders in der Mecklenburgischen Schweiz, von der gesagt wird, es sei eines der letzten Paradiese unserer Zeit. Hier gibt es sie noch: die unberührte Natur und die ursprünglichen Landschaften, über denen der Himmel endlos erscheint.

Astro Kalender

Terminplaner mit

Planetenumlaufbahnen, Mondstände und Blanko-Chart für das eigene Horoskop

jedes Jahr neu!

Der Astro-Kalender dient als Wegweiser durch das Jahr und spricht nicht nur Astrologen, sondern auch alle Naturverbundenen an, die zu den Gezeiten und dem Umlauf der Gestirne eine Verbindung spüren. Somit dient dieser Kalender sowohl Hobby-, als auch professionellen Astrologen, die in ihrer Arbeit auf die Planetenstände und Sternzeitberechnungen der Ephemeriden zugreifen, als Leitfaden durch das Jahr. Zu Beginn ist ein Blanko-Radix eingefügt, um die persönlichen Sternstände oder ein entsprechendes Wunsch-Horoskop eintragen zu können. Weiterführend sind die Verläufe der einzelnen Planeten graphisch dargestellt und somit visuell auf einen Blick einsehbar. Zudem sind vor jedem Monat die entsprechenden Ephemeriden gelistet, sodass man den astronomischen Jahresverlauf immer bei sich hat. Der Übertritt der Sonne sowie des Mondes in die einzelnen Zeichen ist direkt an den entsprechenden Tagen im Kalender eingetragen. Möge dieser Kalender Hilfe und Erleichterung sein und all jenen nützen, die rund ums Jahr die planetarischen Einflüsse, denen wir unterworfen sind, im Blick haben möchten, um ihr Gespür auf diese Weise noch mehr zu verfeinern suchen und bisher auf umständliche Methoden der Sternzeitberechnungen zurückgreifen mussten.

Copyright der Originalausgabe by
Antonia Katharina Tessnow

ALL RIGHTS RESERVED. No part of this book may be reproduced in any form or by any electronic or mechanical means including information storage and retrieval systems without permission in writing from the publisher, except by reviewers who may quote brief passages in a review.